rororo

Eigentlich ist alles Lolas Schuld: Hätte sie doch ihren Manni wie verabredet abgeholt. Doch sie war nicht da, also mußte er die U-Bahn nehmen, prompt kamen die Herren Kontrolleure. Manni ist schnell raus – nur die Plastiktüte hat er in der Eile vergessen, darüber freut sich der grinsende Penner, nachdem die U-Bahn-Türen sich schließen. In der Plastiktüte sind 100 000 Mark, Geld, das Manni nicht gehört, sondern Ronnie, und der versteht keinen Spaß. In zwanzig Minuten braucht er das Geld, heult er Lola ins Telefon, sonst ist er bald eine Leiche. Oder er geht mit der Automatic in den Supermarkt und holt das Geld da raus ... Lola beschwört ihn: Tu's nicht, ich komme. Und rennt los.

«Lola rennt» ist ein schnelles, vitales Spiel mit dem Zufall und dem Schicksal. Lola erhält drei Chancen, das Leben ihres Freundes zu retten: Einmal geht es gut, einmal schlecht, und einmal läuft alles anders, als man denkt. An jeder Ecke warten neue Überraschungen und Wendungen, und am Ende haben Lola und Manni 100 000 Mark zuviel.

Tom Tykwer, geboren 1965 in Wuppertal, ist einer der wichtigsten Regisseure des jungen deutschen Films. Im Kino groß geworden, war er Drehbuchlektor und Kinobetreiber, drehte Kurz- und Experimentalfilme. Sein Spielfilmdebüt «Die tödliche Maria» wurde mit dem Preis der Deutschen Filmkritik ausgezeichnet und erregte auch international Aufsehen. Zusammen mit den Regisseuren Wolfgang Becker und Dani Levy sowie dem Produzenten Stefan Arndt gründete Tykwer 1994 die Firma X-Filme Creative Pool in Berlin und schrieb gemeinsam mit Becker das Drehbuch zu dessen Kinoerfolg «Das Leben ist eine Baustelle». Für seinen zweiten Film «Winterschläfer», erotisches Melodram und hintergründiger Thriller, erhielt Tykwer den Deutschen Filmpreis 1997. Das US-Fachblatt «Variety» nannte die Arbeit des deutschen Filmemachers genauso «aufregend und vielschichtig wie das Werk eines David Lynch oder der Brüder Coen».

Tom Tykwer

Lola rennt

Mit Bildern von Frank Griebe
Herausgegeben
von Michael Töteberg

Rowohlt Taschenbuch Verlag

Alle Bilder wurden dem Film entnommen (Kamera
Frank Griebe). Storyboard Seite 132: Tom Tykwer.
Daumenkino und Zeichnungen im Text: Gil Alkabetz.

16.–21. Tausend Oktober 1998

Originalausgabe
Veröffentlicht im
Rowohlt Taschenbuch Verlag GmbH,
Reinbek bei Hamburg, August 1998
Copyright © 1998 by Rowohlt Taschenbuch
Verlag GmbH, Reinbek bei Hamburg
Alle Rechte an dieser Ausgabe vorbehalten
Umschlagfoto © Prokino Filmverleih GmbH
Layout Ulrike Theilig
Satz Das Herstellungsbüro, Hamburg
Gesetzt aus der Sabon und Univers 57 Cond.,
PageMaker 6.5
Gesamtherstellung Clausen & Bosse, Leck
Printed in Germany
ISBN 3 499 22455 0

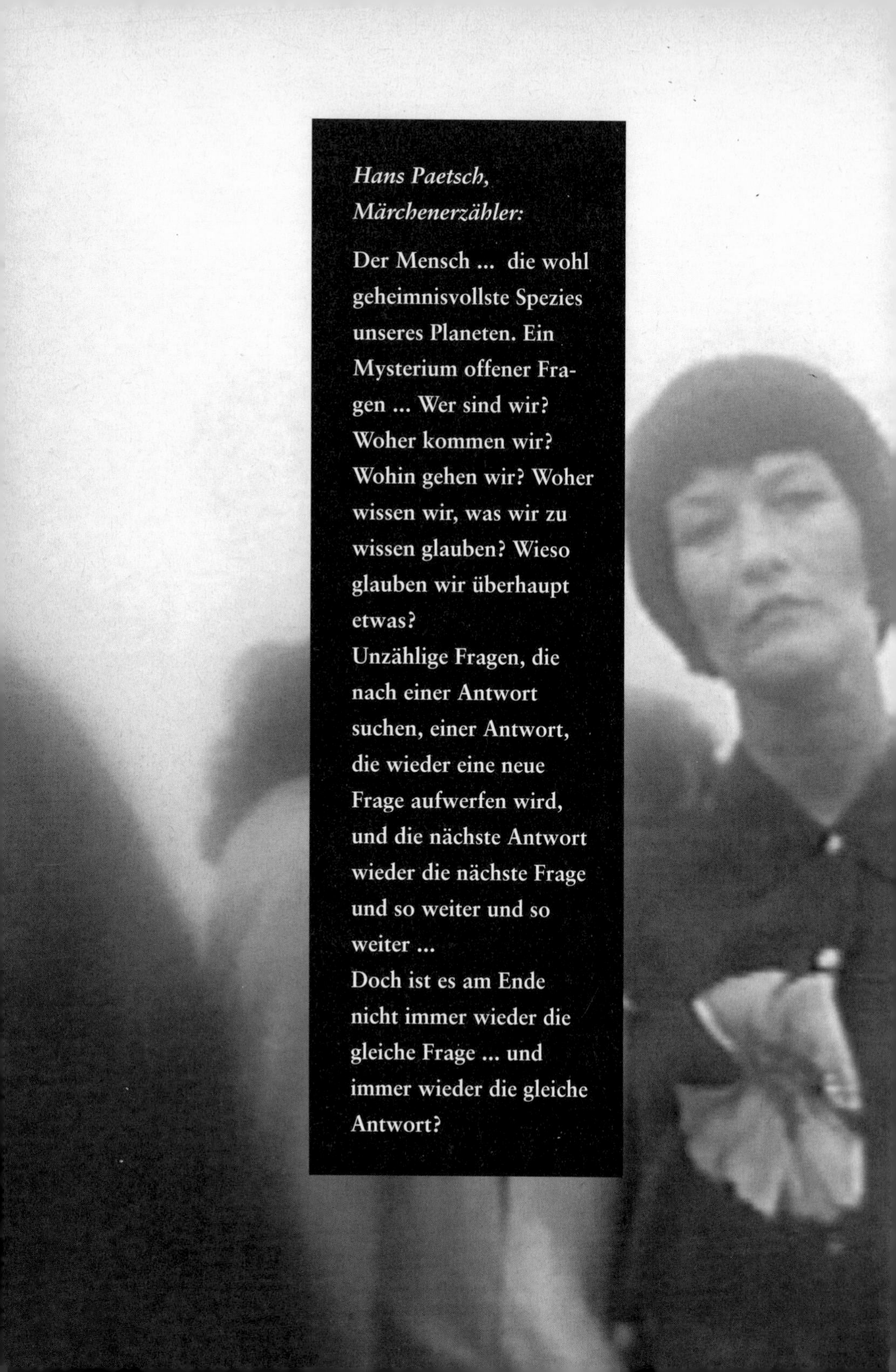

Hans Paetsch,
Märchenerzähler:

Der Mensch ... die wohl
geheimnisvollste Spezies
unseres Planeten. Ein
Mysterium offener Fra-
gen ... Wer sind wir?
Woher kommen wir?
Wohin gehen wir? Woher
wissen wir, was wir zu
wissen glauben? Wieso
glauben wir überhaupt
etwas?
Unzählige Fragen, die
nach einer Antwort
suchen, einer Antwort,
die wieder eine neue
Frage aufwerfen wird,
und die nächste Antwort
wieder die nächste Frage
und so weiter und so
weiter ...
Doch ist es am Ende
nicht immer wieder die
gleiche Frage ... und
immer wieder die gleiche
Antwort?

Ball is rund, Spiel
dauert 90 Minuten.
Soviel is schon
ma klar. Allet
andere is Theorie.

Und ab:

Berlin. Frühling, irgendwann. Wir fliegen schnell an die Stadt heran, immer näher an ein Haus, durch das Fenster hindurch in eine Wohnung, durch einen Flurgang bis zu einem kleinen Tisch in der Mitte eines Zimmers mit zugezogenen Vorhängen. Zum Telefon, das auf diesem Tisch steht. Endlich steht das Bild still. Das riesige Telefon, eine lange Sekunde – und dann schellt es, brüllend laut.

Lola hebt ab. Sie sieht erschöpft aus, nervös, gehetzt.

«Manni?»

«Lola ...»

«Endlich. Gott sei Dank.»

«Lola, Lola ...» Er fängt plötzlich an zu weinen. Die Stimme bleibt ihm weg.

«Was ist denn? Wo bist du?»

Wir rasen durch die seltsam unbelebten Straßen von Lolas Haus zu Mannis Aufenthaltsort.

Eine Telefonzelle. Drin steht Manni. Er hat den Hörer in der Hand und lehnt an der Scheibe, brüllt heulend los.

«Wo *ich* bin? Wo warst *du* denn, verdammt?»

«Du warst schon weg, ich ... ich kam zu spät.»

Stammelnd rutscht Manni langsam runter auf den Boden der Zelle. «Aber wieso denn? Wieso kommst du ausgerechnet heute zu spät? Du bist *immer* pünktlich! Immer!!»

«Das Moped ist geklaut worden.»

«Was?»

«Ja, ich ... Ist doch jetzt egal ...!»

«Ist überhaupt nicht egal!!»

«Was ist denn los? ... Manni?»
Keine Antwort. Manni versucht, den Kloß im Hals runter-
zuschlucken. Klappt nicht. Still fängt er an zu heulen. Lola
weiß nicht, was los ist. Erst mal erklären.
«Manni, das war nicht meine Schuld, ich ...»

*Flashback: Lola steht, Helm in der Hand, in einem Ziga-
rettenladen und kauft eine Schachtel «Eckstein». Sie wirft
durch das Schaufenster einen Kontrollblick nach draußen
zu ihrem Moped – einer ziemlich schrottigen «Schwalbe».
Sie sieht einen Typen im Overall, der gerade blitzschnell
das Schloß des Mopeds knackt und startet.*

«... ich war nur ganz kurz Kippen holen, und da war so 'n
Typ, der war so schnell, das gibt's gar nicht! Ich konnte
überhaupt nix machen, der war weg, bevor ich draußen
war ...»

*Lola rennt aus dem Laden, der Typ im Overall braust davon.
Sie läuft ihm nach, aber nur ein paar Meter: Es ist zwecklos.
Sie schmeißt den Helm über den Gehweg, wütend.*

Manni hockt in der Zelle und hört gar nicht richtig zu. Er
heult. Lola redet weiter: «... und dann hab ich sogar 'n Taxi
genommen ...»

*Lola wirft sich in ein Taxi. Sie sagt die Adresse an und lehnt
sich mit dem Gesicht an die Rückenlehne des Vordersitzes.*

11

«... und dieser dämliche Taxifahrer, ja? ... der Vollidiot fährt einfach in den Osten, weil, da gibt's auch 'ne Grunewaldstraße, und ich seh das erst viel zu spät ...»

Lola richtet sich auf, blickt irritiert um sich, meckert dann auf den Taxifahrer ein, der achselzuckend wegschaut.

«Es gibt fünf Grunewaldstraßen in Berlin, glaubst du das, fünf! Und der Schwachkopf fragt mich nicht mal. Ich hab einfach nicht dran gedacht, ich war noch total durcheinander, wegen unserm Moped und ...»
Manni jammert, er wird immer lauter, schüttelt den Kopf.
«Egal, ist doch egal ...»
«... und als ich dann endlich ankam, warst du weg!»

Lola springt an einer einsamen Landstraße aus dem Taxi und blickt um sich. Keine Spur von Manni. Überhaupt keine Menschenseele. Stadtrand. Tote Gegend. Nur wenige Häuser. Blätter wehen leise über den Asphalt.

«Egal, Lola, egal, jetzt ist eh alles zu spät, alles kaputt ...!»
«Aber warum denn ...»
«Hilf mir, Lola, hilf mir ... Ich weiß nicht mehr weiter ... ist alles kaputt, du warst nicht da, und ich hab's verbockt, ich bin so ein dummer Penner, ich hab alles versaut, verdammte Scheiße ...»
Man kann ihn kaum noch verstehen, seine Stimme ersäuft in Tränen und leierndem Geschluchze.
Lola versucht flüsternd, Manni zu beruhigen. «Pschscht, ganz ruhig, was ist passiert, sag mir nur, was passiert ist, okay? Was ist passiert?»
Manni, am Boden zusammengesunken, stammelt nur noch. «O Gott, der macht mich alle, der bringt mich um, ich sterbe, Lola, ich sterbe ...»
«Manni, hör auf, ich krieg Schiß! Was ist denn los? Haben sie dich erwischt?»
«Nee, quatsch, das ... (er muß verzweifelt lachen) das wär ja noch was! (heult weiter) Ist sogar alles super gelaufen.»

Flashback: Manni winkt den achten und neunten Mercedes auf einem Autobahnparkplatz ein. Sauber aufgereiht stehen die ziemlich neu aussehenden Wagen, alle in Schwarz, nebeneinander.

«... wir haben die Dinger dahin gefahren, und ruckzuck kamen diese Typen ...»

Manni geht auf drei Männer zu, die aus einem dunklen Mercedes steigen. Er zeigt hinter sich auf die Daimler-Parade, lacht etwas unsicher.
Einer der drei Männer reicht Manni aus dem Auto heraus ein Plastiksäckchen mit Edelsteinen.

«... die haben bezahlt, und das war's schon. Absolut simpel.»

Manni steigt zu den anderen in einen VW-9-Sitzer und zieht die Schiebetür zu.
Grenzübergang. Manni, auf dem Beifahrersitz, blickt den Grenzposten an, der den Wagen vorbeiwinkt.

border guard

«Zurück an der Grenze haben sie uns auch einfach nur durchgewinkt ...»

Der VW-Transporter hält in der Grunewaldstraße, wo soeben Lola zu sehen war. Manni springt mit der Plastiktasche raus und geht in ein abgewracktes Treibhaus.

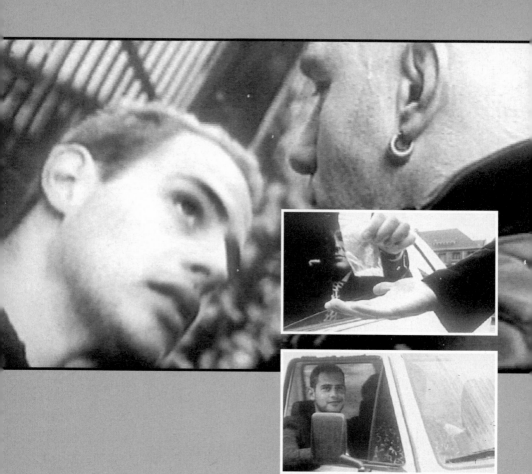

«Und dann hat Lollo mich abgesetzt, da draußen.»

In einem leeren, heruntergekommenen gläsernen Raum sitzt ein Mann, Auge, an einem Tisch. Mit einer Brillenlupe (lange Linse vor einem Auge) und zackigen, schnellen Bewegungen prüft er die Edelsteine, jeden einzelnen. Manni, die Hände auf dem Rücken gefaltet, steht vor dem Tisch und wartet.

«Dann war ich bei diesem komischen ... Zyklopen ..., und der war auch ruckzuck fertig.»

Auge schiebt Manni mit präziser Geste mehrere Stapel 20-, 50- und 100-DM-Scheine über den Tisch. Manni läßt sie in einer Plastiktüte mit russischem Aufdruck verschwinden.

«Alles war absolut pünktlich ...»

Manni tritt auf die Straße, blickt auf die Uhr, dann um sich. Kein Mensch.

«... nur du nicht. Du warst nicht da.»
«Und dann?»
«Ich hab auf dich gewartet. 'ne halbe Ewigkeit.»
«Und dann?»
«Da war nix, keine Telefonzelle, nichts. Nicht mal 'n Taxi konnt ich mir rufen.»

Manni gibt auf und geht nervös weg.

«Also bin ich zur U-Bahn gegangen ...»

Manni sitzt in der U-Bahn, am Rande der Bank direkt neben einer Trennwand. In der rechten Hand hält er die Tasche. Die Bahn fährt gerade in den nächsten Bahnhof. Ein Penner bettelt nach einem kurzen Vortrag.

«In der Bahn, da war so 'n Penner, der ... der ist hingefallen irgendwie, und ...»

Der Penner gerät aus dem Gleichgewicht, fällt auf Manni. Der muß ihn mit einer Hand von sich weghalten. Der Penner fällt zu Boden, seine Plastiktüten zerreißen. Manni schüttelt den Kopf, erhebt sich und hilft dem Penner auf die Beine. Zwei Fahrscheinkontrolleure in Uniform steigen ein.

«... und dann ... dann waren da plötzlich Kontis, und ich bin raus – wie immer halt ... so 'n alter Reflex ...»

Manni schlüpft aus der Bahn und geht lässig, betont unauffällig, ein paar Schritte den Bahnsteig runter. Dann blickt er auf seine Hände, fassungslos: Er hat die Tasche liegengelassen!

Lola flüstert: «Die Tasche!»

Manni leise, erschöpft: «Die Tasche.»

Die Kontrolleure steigen auch wieder aus, weil Manni ih-
nen verdächtig erscheint.

«Die Tasche.»

Manni kommt zurückgelaufen und will, gerade als sich die
Türen schließen, wieder einsteigen. Doch die Kontrolleure
halten ihn fest. Manni schreit, hält seine Hand zwischen die
Türen, die sie einklemmen. Die Kontrolleure reißen ihn zu-
rück.

«Die Tasche.»

Manni schreit wie am Spieß. Er sieht die Tasche davonfah-
ren, versucht vergeblich, sich loszureißen.

«Die Tasche.»

Aus der davonbrausenden Bahn blickt der Penner verwirrt
zu Manni, dann zur Bank, wo die Tasche steht.

«Die Tasche.»

Die U-Bahn verschwindet im Tunnel.

«Ich bin so ein beschissener Anfänger, so was von saube-
schissen dämlich ... das passiert nur mir ...»

Der Penner blickt in die russische Plastiktasche, setzt sich
erschrocken hin und zieht die Tasche ruckartig auf seinen
Schoß.

«Warum hast du mich nicht abgeholt, Lola, die ganze
Kacke wär mir nicht passiert, ich war so daneben ... du
kommst doch sonst immer, immer ...!»
«Hast du nicht anrufen lassen, bei der nächsten Station?»
«Na sicher! Aber zu spät, die war weg, diese Scheißtasche,

sofort, und ich weiß auch, wer sie hat, der Penner hat sie, dieser Plastiktütenfreak ...»

Der Penner steigt aus, die Geldtasche mit der Linken an die Brust gedrückt, in der rechten den Haufen anderer Tüten. Er eilt die Treppen hinauf zum Ausgang.

«... und der sitzt jetzt schon im nächsten Flieger ...»

Mit Boeing-Getöse sausen wir hinter dem Penner her: hinauf zur Straße, überholen ihn und jagen mit der Kamera ins Sonnenlicht. In schnellem Rhythmus tauchen Postkartenbilder der verschiedensten Strände und Urlaubsorte auf.

«... nach Hawaii oder Florida oder Bermuda oder Kanada oder Hongkong oder Sydney oder sonstwohin ...!»

In die zuckenden Flashs schiebt sich eine Sekunde lang in Einzelbildern stakkatohaft das Bild von Ronnie: ein stämmiger Typ, harter, ernster Blick.

«Und Ronnie?»
«Der bringt mich um, Lola.»
«Du mußt es ihm erzählen ...»
«Nein! Nein, nein, vergiß es, vergiß es!»
«Aber warum denn!»
«Der glaubt mir kein Wort! Niemals! Ich hab nur *einmal* heimlich 'ne Stange Zigaretten behalten, einmal! ... Hat er

19

sofort gemerkt. Der traut keinem. Und mir auch nicht. Im Gegenteil.»

Flashback: Ronnie kickt Manni mit der Stirn brutal zu Boden. Manni sackt zusammen. Ronnie beugt sich über ihn, redet drohend auf ihn ein, fuchtelt mit dem Zeigefinger vor seinem Gesicht herum.

«Daß ich die ganze Nummer mit den Daimlern überhaupt machen durfte, das war ... wie 'ne Prüfung oder so!»

Ronnie wendet sich ab, Manni rutscht etwas runter, er kriegt noch einen versöhnlichen Klatsch auf die Backe. Manni lächelt ängstlich. Ende Flashback.

«'n Vertrauenstest ... Verstehste ... Scheiße ...»
«Wieviel war's denn? In der Tasche, mein ich.»
«Hunderttausend.»
«Was?»
«Hunderttausend. Sag ich ja: Vertrauenstest.»
«Ach du Scheiße.»
Manni heult immer heftiger. «Siehste, ich wußte, daß dir da auch nix mehr einfällt, ich hab's dir ja gesagt, eines Tages passiert was, da weißt auch du keinen Ausweg mehr, und nicht erst, wenn du stirbst, das kommt viel früher, du wolltest mir ja nicht glauben, und jetzt stehste da, von wegen die Liebe kann alles, aber nicht in zwanzig Minuten hunderttausend Mark herzaubern ...» Manni hat sich heulend

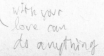

hysterisch geredet, wie ein Wasserfall sprudelt es aus ihm heraus.

«Zwanzig Minuten?»

«In zwanzig Minuten, Lola. Ronnie hat gesagt, um zwölf am Wasserturm. Gleich hier um die Ecke. Zwanzig Minuten.»

Lola überlegt, fieberhaft. Dann endgültig: «Du mußt abhauen, Manni.»

«Ach komm. Vergiß es.»

«Wieso denn?»

«Die finden mich. Ronnie kriegt jeden, und zur Not bist du dran.»

«Na und – ich komm mit dir!»

«Mann, Lola, in zwanzig Minuten ist Schluß, da kommt Ronnie, dann land ich auf der Müllkippe und ...»

«Manni! Halt die Klappe!»

«... wieso, du weißt doch jetzt auch nicht mehr weiter, hunderttausend, Lola, die treibst du auch nicht auf ... der macht mich fertig, und dann werd ich in hunderttausend kleinen beschissenen Aschekörnern die Spree bis runter in die Nordsee gluckern, und dann ist dein Scheiß-Manni Geschichte, ich weiß doch, wie so was läuft, und da gibt's nichts, was du machen kannst!»

«Jetzt halt die KLAPPEEEE ...»

Lola schreit jetzt so laut, daß Manni endlich Ruhe gibt.

Eine Bierflasche auf dem Fernseher zerspringt unter Lolas gellendem Schrei. Das Bier fließt über die Mattscheibe. Dort läuft gerade ein Ausschnitt aus «Unter den Brücken».

Draußen donnert es. Lola holt Luft.

«Du hörst mir jetzt zu. Du wartest da. Ich komme. Ich helf dir. Du bewegst dich nicht vom Fleck. Ich bin in zwanzig Minuten da. Kapiert?»

«Ach ja? Was willste denn machen? Deine Juwelen verpfänden?»

Lola wirft einen kurzen Blick auf den billigen Modeschmuck an ihrer Hand.

«Wo bist du?»

Manni blickt nach draußen. Gegenüber liegt die Kneipe «Spirale».

«Na, in 'ner Zelle, Innenstadt ... bei der ‹Spirale›.»

«Alles klar. Bleib, wo du bist. Mir fällt was ein. Ich schwör es. Zwanzig Minuten, okay?»

Mannis Blick bleibt an etwas hängen. Weiter unten, in Richtung Kreuzung. Da ist ein großer «Bolle»-Supermarkt.

«Ach was. Ich geh da hinten zu ‹Bolle› und hol mir die hunderttausend.»

«Schwachsinn. Hör auf damit.»

«Wieso? Ronnie hat gesagt, die machen da zweihunderttausend am Tag. Jetzt ist Mittag. Muß doch die Hälfte dasein.»

«Du spinnst! Du tust überhaupt nichts. Du bleibst genau da, in der verdammten Zelle, und ich komm jetzt.»

Manni zieht seinen Revolver aus der Jackeninnentasche und betrachtet ihn.

«Ich mach 'n Überfall. Was 'n sonst?»

«Hast du 'n Knall? Ey, du machst gar nichts! Bleib, wo du bist, ich lauf gleich los!»

«Und was dann?»

«Dann helf ich dir. Mir fällt immer was ein.»

«Mann, Lola! Wach auf! In zwanzig Minuten bin ich entweder tot, oder ich geh jetzt da rein und hol mir das Geld!»

«Nein! Warte!»

«Warum denn!»

Die Telefonkarte ist alle. Das Gerät piept: In ein paar Sekunden ist Schluß.

«Weil ich es will! Ich helf dir! Ich krieg das Geld!»

«Um zwölf geh ich da rein. Länger wart ich nicht.»

23

Klick. Die Karte wird ausgespuckt. Manni hängt ein. Er blickt zu einer alten Uhr, die an einem Holzhaus befestigt ist: zwanzig Minuten vor zwölf.

Lola blickt den Telefonhörer an, dann wirft sie ihn frustriert über die Schulter.
Lola reißt den Kopf herum zur Wanduhr. Im Klickrhythmus des Zeigers springen wir an die Uhr heran: zwanzig vor zwölf.
Der Hörer wirbelt durch die Luft, auf das Telefon zu.

Wir fahren auf den TV-Monitor zu: Dort sehen wir eine Dokumentation über den Weltrekord im Dominostein-Konfigurieren. Japanische Studenten haben 500.000 Steine in einer Halle aufgebaut. Die Dokumentation zeigt den Lauf der Dominosteine, die sich per Kettenreaktion zu gigantischen Mustern ausbreiten. Ein japanischer Moderator gerät in Ekstase.

Der Hörer nähert sich fallend dem Telefon, knallt krachend, aber präzise auf die Gabel. Lola greift sich mit beiden Händen in die Haare, angespannt versucht sie, sich zu konzentrieren, und stellt sich die entscheidende Frage.

Wer, wer, wer, wer, wer, wer?
Axel Dennis Toni Max Anna
Kurt Oma Siggi Jörg Omi
Opa Jule Kai Antje Tante Pia
Lilli Jens Ulf Yvonne Toni
Mama Axel Papa Papa Mama
Jens Papa Oma Bärbel Petra
Ulf Jule Mama Papa Mama
Papa.

Lola rennt

Erste Runde

Blitzartig tauchen vor Lolas innerem Auge alle möglichen Helfer auf. Das Personenroulette der Kandidaten dreht sich, kommt zum Stillstand, die Sache ist entschieden. Lola flüstert, etwas ernüchtert: «Papa.»
Sie flitzt los. Der Vater schaut sorgenvoll hinter Lola her.

Lola läuft durch den Flur zur Wohnungstür. Ihr Zimmer sah komplett anders aus als diese solide Mittelstandshöhle. Die Mutter ruft aus dem Wohnzimmer: «Lola?»
Lola verschwindet nach links durch die Tür.
Die Mutter sitzt auf dem Sofa vor dem Fernseher, mit einem Drink in der einen und dem Telefonhörer in der anderen Hand. Sie sieht aus wie eine etwas esoterisch angehauchte, gepflegte Dame, aber auf ihren Augen liegt ein depressiver Schleier. Sie ruft Lola hinterher: «Gehst du einkaufen? Ich brauch Shampoo!» und spricht dann wieder in den Hörer. «Natürlich, ich wußte genau, daß du 'n Schütze-Aszendenten hast.» Sie lacht etwas kokett. «Doch! Warum ich darüber nachdenke? Weiß ich nicht.» Sie horcht, lacht. «Na und, du bist doch auch verheiratet!»
Während sie spricht, fliegen wir auf den Fernseher zu, wo ein Zeichentrickfilm läuft. Wir fahren nah heran, bis er das Bild füllt: Da ist die Trick-Lola im TV!

Die Zeichentrick-Lola rennt hektisch durch ein endloses Treppenhaus, tiefer und tiefer. An einem Treppenabsatz steht ein fieser kleiner Junge mit seinem Hund, einem gemeinen, grollenden Köter mit Riesenmaul. Der Junge und

das Viech beobachten die vorbeirasende Lola mißtrauisch. Sie hetzt die Stufen hinab, endlich kommt sie unten an und reißt die Tür auf.

Die Haustür wird von der echten Lola aufgerissen. Sie läuft durch den kleinen Vorgarten, durch das Gartentor und rennt den Bürgersteig entlang, um zwei Ecken, und die Straßen werden etwas belebter.

Eine schlechtgelaunte Frau mit Kinderwagen – Doris – kann gerade noch ausweichen und schimpft ihr hinterher: «Paß doch auf, du Schlampe!» Lola dreht sich nur halb um, hebt beschwichtigend die Hand, rennt weiter. Die Frau zischt noch mal grantig hinterher: «Schlampe!»

Flashforward: Die Zukunft von Doris (Variante 1) in einer Abfolge von Fotos.

Lola rennt. Menschen, die vorbeiwischen. Brückenpfeiler zerreißen das Bild.

Die Bank, Vaters Büro. Ein kühler, nüchterner Raum, halb geschlossene Jalousien, Zwielicht. Jutta Hansen, eine sehr gepflegt gekleidete Geschäftsfrau, lehnt an der Fensterbank. Sie sieht etwas zerzaust aus, so als ob es leichte Handgreiflichkeiten gegeben hätte.
Sie spricht leise mit mühsam beherrschter Stimme, kämpft mit den Tränen: «Nachts es ist am schlimmsten. Da wach

31

UND DANN

Die Zukunft von Doris (Variante 1)

- Zu Hause am Herd *range* streitet sie mit dem Ehemann.
- Polizei und Sozialfürsorge an der Tür.
- Die Fürsorge holt das Kind aus der Wohnung.
- Die Frau schreit und liegt weinend am Boden.
- Sie liegt mit ihrem Mann im Bett, der sie umarmt.
- Sie geht durch einen Park und blickt auf ein
  Baby im Kinderwagen – der Vater pinkelt gerade
  in einen Busch.
- Sie rennt im Vordergrund mit dem Kind im Arm,
  hinter ihr der Vater und zwei andere Leute, die
  brüllen und versuchen, sie einzuholen.

ich auf und kann nicht schlafen, und dann hab ich Angst, Angst vorm Dunkeln, ich! Ich hab nie Angst im Dunkeln gehabt, ich hab überhaupt nie Angst gehabt. Aber ich denk dann an uns. Und dann denk ich, daß es immer so weitergehen wird, wie es jetzt ist, und ... daß du dich nicht trauen wirst.» Sie schaut Lolas Vater an. Er sitzt auf dem Fußboden, mit dem Rücken an die Wand gelehnt. Gerade lockert er sich seine Krawatte, er schwitzt offenbar. Der Kloß in seinem Hals schwillt an. «Und dann frag ich mich, was mach ich hier eigentlich, wie lange soll das noch so weitergehen, diese ganze Heimlichtuerei, diese ganze verfluchte ... Verlogenheit? Soll ich darüber alt werden und schlaflose Nächte haben wegen einem Mann, der nicht zu mir stehen will?»

Lolas Vater räuspert sich. «Aber ich steh doch zu dir.»

«Ah ja? Dann ruf zu Hause an, jetzt. Sag Bescheid. Sag alles.»

Lolas Vater reibt sich unglücklich die angestrengten Augen.

Lola rennt. Auf dem Bürgersteig kommt ihr eine Gruppe Nonnen entgegen. Lola bahnt sich schnellstmöglich einen Weg durch die Gruppe, um weiterspurten zu können.

Ein Fahrradfahrer, er heißt Mike, fährt auf der Straße neben Lola her und ruft ihr zu: «Ey! Brauchst du 'n Fahrrad?» Lola überlegt, während sie weiterrennt.

«Fünfzig Mark!»

Lola läuft auf die Treppe einer Brücke zu. Dann schüttelt sie den Kopf. «Nee!»

Mike zuckt die Achseln und fährt weiter.

Flashforward: Die Zukunft von Mike (Variante 1) in einer Abfolge von Fotos.

Lola rennt über die Brücke.

Herr Meier, ein Anzugtyp Anfang Vierzig, sitzt hinter dem Steuer seines dunkelblauen Citroën und beobachtet, wie das Garagentor vor ihm hochklappt. Er gibt Gas und fährt langsam durch den Hof auf die Straße zu.

Lola rennt.

Der Citroën fährt aus der Ausfahrt auf den Bürgersteig; Lola ist gerade vorbeigerannt, das war knapp.
Durch die Windschutzscheibe des Citroën sehen wir Lola vorbeiflitzen, während der Wagen weiter auf die Straße zurollt ... Herr Meier ist verdattert über die vorbeigehuschte Gestalt; die kennt er doch? Er blickt ihr nach, vergißt zu bremsen, und der Wagen schleicht auf die Straße – CRASH!!
Ein BMW kracht in den Kotflügel des Citroën, Herr Meier schreit entsetzt auf. Hinten verschwindet Lola um die Ecke. Aus dem BMW steigen drei Typen, die ziemlich ungemütlich aussehen. Meier sitzt starr hinter seinem Steuer und sieht sie auf sich zukommen.

Manni telefoniert. «Branko, jetzt hör mir doch erst mal zu! ... Ich weiß. Ich weiß! ... Was kann ich dafür, daß es soviel ist! ... Fünfhundert Mark? Was soll ich mit fünfhundert?» Branko hat aufgelegt. Manni knallt den Hörer auf die Gabel, lehnt sich verzweifelt an das Telefon. Die Karte wird ausgespuckt. Er haut auf den Apparat, mehrmals, dabei verletzt er sich die Hand. Wütend rupft er die Karte raus und verläßt die Zelle.
Draußen wartet eine blinde Frau. Er will ihr die Karte in die Hand drücken, doch sie hält seine Hand fest, umschließt sie mit beiden Händen. Manni ist verwirrt. Die blinde Frau hält die Hand nur einen Moment. Ein bißchen hypnotisch.

35

UND
DANN

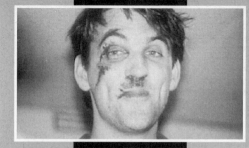

Die Zukunft von Mike (Variante 1)

– Zwei Hardrocker laufen hinter Mike her.
– Sie reißen ihn vom Fahrrad und verprügeln ihn.
– Er steht in der Mensa an der Kasse mit
  verbeultem Gesicht und redet freundlich mit der
  Kassiererin.
– Die Kassiererin sitzt bei ihm am Tisch und läßt
  sich nicht becircen.
– Vor dem Standesamt: er im Anzug, die Kassiere-
  rin im Brautkleid.

Sie läßt ihn überraschend los und geht fort; dabei tastet sie
den Weg mit einem Blindenstock ab. *(astonished)*
Manni blickt ihr verwundert nach, er hält noch immer ihre
Karte. «Ihre Karte!»
Aber die Blinde verschwindet einfach.

Die Uhr gegenüber springt auf zehn Minuten vor zwölf.
Manni stößt einen leisen Schluchzer aus. Jetzt ist er völlig
verwirrt. *(confused)*

Lola kommt um die Ecke gerannt, nähert sich der Bank.
Der Penner kommt ihr entgegen, eilig, mit all den Plastiktüten. Lola erkennt ihn natürlich nicht.

In der Bank, Vaters Büro. Er ist aufgestanden und zu Jutta
gegangen. Die beiden sind ganz nah beieinander, sprechen
ganz leise.
«Ich muß jetzt ... Der Meier kommt gleich. Können wir uns
nicht später sehen?»
«Liebst du mich?»
«Was?»
«Liebst du mich?»
«Warum fragst du das jetzt?»
«Liebst du mich?»
«Ja, verdammt!»
«Dann entscheide dich.»
«Aber doch nicht jetzt!»
«Irgendwann muß es sein.»

«Aber warum denn ausgerechnet jetzt, hier, sofort?»
«Weil ich es unbedingt jetzt sofort wissen muß.»
«Wieso?»
«Weil ich schwanger bin!»
Lolas Vater starrt sie entgeistert an.

Lola ist bei der Bank angekommen, drängt sich durch die Drehtür und läuft durch die große Schalterhalle der Bank, wo mäßiger Betrieb herrscht.
Einer der Sicherheitsbeamten in Uniform, Schuster, steht am Durchgang zum Bürotrakt und grinst Lola breit entgegen, als sie auf ihn zugerannt kommt. Schuster ist um die Vierzig und ein Sprücheklopfer.
«Holla, holla, Lolalola, die Hausprinzessin, welch seltenes Glück! Wohin denn so eilig?»
impatient
Lola bleibt außer Atem vor ihm stehen, ungeduldig. Schusters Sprüche kennt sie schon.
«Bitte ... kann ich?» Sie deutet zur Tür.
Schuster drückt eine Zahlenkombination in das Display an der Seite der Tür, die daraufhin summt. «Zum Papachen das Fräuleinchen, aber sicher, sicher ...»
Lola drückt die Tür auf und drängt sich an Schuster vorbei, der unangenehm nah gerückt war.

Lola rennt durch den Bankbürogang, der durch zahlreiche Schwingtüren in einzelne Trakte unterteilt ist. Hinter der dritten Tür taucht plötzlich Frau Jäger auf, die Lolas Weg kreuzt. Sie erschrickt über die vorbeistürmende Lola, die sich kurz umdreht: «'tschuldigung ...»

Flashforward: Die Zukunft von Frau Jäger (Variante 1) in einer Abfolge von Fotos.

Im Büro. Lolas Vater weiß nicht, was er sagen soll.
«Sag. Willst du ein Kind von mir?»
Ein Moment vergeht. Eine Entscheidung: «Ja.»
Da stürzt Lola zur Tür herein und bleibt keuchend stehen. Ihr Vater und Jutta stehen sich gegenüber. Beide blicken wie ertappt zu Lola.

Lolas Vater stößt einen kurzen, irren Lacher aus. Er spricht, als wäre es nicht seine eigene Stimme, irgendwie krächzend.
«Lola.»
Lola kapiert die Situation nicht.
«Papa.»
Die drei stehen da. Jutta: «Deine Tochter?» Lolas Vater nickt. Jutta geht zu Lola und streckt ihr die Hand hin. Freundlich, zusammengerissen: «Ich bin Jutta Hansen. Vom Vorstand.»
Lola läßt sich die Hand schütteln.
«Tag. Ich muß ... mal stören, das ist ganz dringend ... 'tschuldigung ...»
«Kein Problem, ich wollte sowieso mal kurz ...» Jutta Hansen verschwindet nach draußen.
Vater: «Was machst du denn hier?»
Lola wirft einen Blick hinter sich zu Jutta: «Was macht *ihr* denn hier?»
«Nichts.»
Lola schüttelt die Irritation ab, geht entschlossen zum Va- ter, nimmt ihn an den Armen und führt ihn zu seinem Sessel. Er läßt sich hineinfallen.
Lola hockt sich vor ihn. Sie holt tief Luft. Dann spricht sie leise und konzentriert, wenngleich auch immer noch außer Atem.
«Paß auf. Wenn ich dir jetzt sage, daß ich deine Hilfe brauche, daß ich sie wirklich so sehr brauche wie noch nie in meinem Leben und daß du der einzige bist, der mir jetzt helfen kann – hilfst du mir dann?»

**UND
DANN**

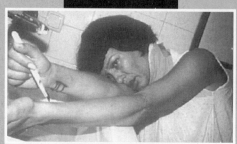

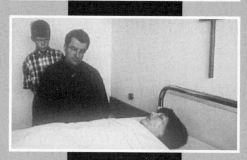

Die Zukunft von Frau Jäger (Variante 1)

– Frau Jäger im Auto.
– Ein Autounfall.
– Im OP eines Krankenhauses.
– Im Rollstuhl fährt sie durch den Park einer
  Reha-Klinik.
– Mit geöffneten Pulsadern sitzt sie im Badezim-
  mer im Nachthemd im Rollstuhl und hält ihre
  Arme ins Waschbecken, das blutüberströmt ist.
– Ehemann und zwei Söhne stumm bei der Toten-
  wache im Krankenhaus.
– Ein Friedhof.

«Du siehst ja furchtbar aus.» *awful*

«Hilfst du mir?»

«Was ist denn passiert?»

«Ich kann dir das so schnell alles gar nicht erklären, das dauert jetzt zu lang. Also hilfst du mir?»

«Ja ... was denn ... meinetwegen ...»

«Du darfst mich nicht anschreien, okay? Du mußt mir einfach glauben, ja?»

«Was denn, verdammt!»

«Ich brauch hunderttausend Mark. Jetzt sofort.»

«Was?» Lolas Vater weicht verdattert zurück und lacht überrascht auf. *befuddled*

«Hunderttausend. Ich brauch hunderttausend Mark, und zwar in den nächsten ... fünf Minuten ... sonst ...»

«Sonst was?»

«Sonst passiert was Furchtbares!»

Ihr Vater guckt sie entgeistert an. «Ich versteh kein Wort. Was ist denn heute hier los?»

«Bitte, Papa, bitte, bitte!! Du mußt mir helfen, bitte!»

«Ich hab keine hunderttausend Mark!»

«Meine Lebensversicherung! Du hast gesagt, du hättest mal eine abgeschlossen!»

«Na und? Die ist doch keine hunderttausend wert.»

Lola fängt an, verzweifelt zu weinen. Hysterie steigt in ihr auf.

«Papa, bitte!! Ich mein's ernst! Das ist kein Witz!»

«Doch, das ist ein Witz, wirklich Lola, ein echter Witz, ich mein, das kann nicht dein Ernst sein ...»

«Doch! Wenn du mir nicht hilfst, dann stirbt er!»

«Wer stirbt?»

«Manni!»

«Manni? Wer ist Manni?»

«Das ist mein Freund! Seit über einem Jahr!»

«Den kenn ich ja gar nicht. Wieso stirbt der, wenn du ...»

«DAS IST DOCH JETZT EGAAAL!!»

Sie schreit so laut, daß das Glas über der Uhr an der Wand zerbirst. In diesem Augenblick kommt Jutta Hansen wieder herein.

Einen Moment herrscht Stille. Der Vater blickt zu Jutta, dann zu Lola, dann wieder zu Jutta. Lola starrt ihn einfach nur an, verheult. Dann trifft er eine Entscheidung. Ruckartig erhebt er sich, legt einen Arm um Lola und führt sie zur Tür. Ruhig beginnt er zu sprechen. «Also gut. Komm mit.» Sie gehen an Jutta vorbei aus dem Zimmer. Der Vater hat Lola fest im Arm und führt sie den Gang hinunter. Sie ist unsicher, was passiert. «Hilfst du mir, ja?»

«Natürlich helf ich dir. Du kommst jetzt mit mir zur Tür, und dann gehst du nach Hause und legst dich ins Bett. Du sagst deiner Mutter, daß ich heute nicht mehr nach Hause komme, und morgen werd ich auch nicht kommen und danach auch nicht mehr. Weil ich euch nämlich verlassen werde. Ich werd eine andere Frau heiraten, sie wird Kinder von mir haben, und ich werd versuchen, glücklich zu sein, weil da endlich mal jemand *mich* meint ... und nicht immer nur rummeckert (er äfft sie nach): ‹Du mußt doch immer nur arbeiten, du hast doch nur deine Zahlen im Kopf, du bist doch immer nur der Chef!› Na und! Na und? (Seine Wut wächst langsam.) Ich hab es so satt, Lola, immer nur der Depp vom Dienst zu sein und immer nur der Buhmann, aber schön Papis Kohle absahnen, das gefällt euch, was? Schluß damit. Schluß damit. Schluß damit.»

Lola hat mit wachsender Fassungslosigkeit zugehört, zwischendurch versucht, sich der festen Umklammerung des Vaters zu entwinden – zwecklos. Sie heult. Er marschiert mit ihr durch alle Schwingtüren hindurch, bis sie schließlich an der Tür mit dem Zahlencode angekommen sind.

«Was soll's, so 'n Kuckucksei wie dich hätt ich sowieso nie in die Welt gesetzt!»

«Haste aber, du Idiot!»

Der Vater tippt den Code mit der freien Hand ein und zischt: «Hab ich nicht. Ich sag nur: Kuckucksei.»

Die Tür summt, der Vater stößt sie auf und zerrt Lola nach draußen. Da steht der überraschte Schuster. Lola blickt ungläubig zu ihrem Vater.

«So, jetzt weißte's. Der Kerl, der dich gezeugt hat, der hat deine Geburt gar nicht mehr mitgekriegt. Noch so 'n Säufer.»

Lola faßt es nicht. Der Vater läßt sie los und schiebt sie Schuster in die Arme. Mit eisigem Ton wendet sich Vater an Schuster: «Schmeißt du sie bitte raus!»

Der Vater merkt, daß alle gucken. Er brüllt Schuster urplötzlich an: «Na los! Raus mit ihr!»

Schuster zuckt zusammen. Der Vater riskiert noch einen letzten Blickwechsel mit Lola. Dann knallt er die Tür hinter sich zu. Weg ist er.

Lola ist wie gelähmt, unter Schock, Schuster zunächst auch. Er blickt in die Halle, alle starren zurück, dann schaut er auf Lola; die er am Arm hält und der die Tränen übers Gesicht laufen. Schließlich geleitet er sie, selbst verwirrt und deshalb eher vorsichtig, durch die Halle nach draußen. Kunden und Angestellte gucken schweigend zu.

Lola läßt sich willenlos auf den Bürgersteig ziehen, wo sie völlig verdattert stehenbleibt.

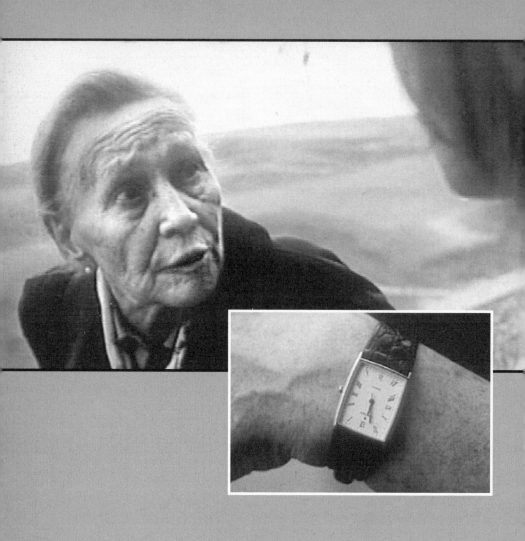

«Na ja. Jeder hat mal 'n schlechten Tag.»
Der Spruch kommt nicht an. Schuster überlegt noch einen
Moment.
«Man sieht sich, hm?»
Und er verschwindet in der Bank.

Lola steht auf dem Bürgersteig, tränenverschmiert, atem-
los, Leute gehen vorbei, keiner kümmert sich. Eine junge
Frau nähert sich, erreicht Lola als uralte Frau mit Gehhilfe,
bleibt stehen und betrachtet Lola. «Kind, was ist?»
Lola guckt sie an, wie aus der Ferne muß sie ihre Stimme
wieder zurückholen und formt langsam die Lippen zu einem Satz: «Haben Sie die Uhrzeit?»
Die alte Frau nickt, hebt ihren Arm und schaut auf die Uhr,
ohne etwas zu erkennen.
Sie zeigt Lola die Uhr. Drei Minuten vor zwölf. Die alte
Frau blickt überrascht um sich: Lola ist verschwunden.

Lola rennt, so schnell sie kann. Sie wechselt vom Bürgersteig mitten auf die Straße. Sie überquert einen großen Platz.

Die Uhr am Supermarkt springt auf drei Minuten vor zwölf.
Manni in der Telefonzelle lehnt mit dem Arm an der Scheibe und hat seinen Kopf daran gestützt. Kraftlos spricht er
in den Hörer. «Wann kommt er? Heut nachmittag ... alles
klar. Nee, laß mal ... is egal.» Er legt auf. Dann blickt er
hoch zur Uhr.
«Okay.» Und er verläßt die Telefonzelle.

49

Lola rennt. Hinter ihr kommt ein Krankenwagen mit Blaulicht angerast, er zischt an Lola vorbei.
Ein Glastransport überquert die Straße: Acht Männer tragen eine riesige Schaufensterscheibe, die sie mit Saugnäpfen festhalten. Der Krankenwagen muß eine Vollbremsung machen, um nicht in die meterlange Scheibe zu krachen. Lola kommt wieder näher; als die Glastransporteure endlich die Straße überquert haben, rennt sie links vorbei, der Krankenwagen fährt mit Sirenengeheul rechts vorbei.

Manni geht auf den Supermarkt zu. Hinten in der Hose steckt der Revolver, leicht verdeckt.

Es wird wieder stiller um Lola. Sie spricht zu sich, meint aber Manni. «Warte. Tu's nicht. Bitte Manni.»

Die Uhr am Holzhaus springt auf 11 Uhr 59.

Manni erreicht den Supermarkt und drückt seine Nase an die Scheibe. Er starrt auf die vielen Kassen. Es herrscht nur durchschnittlicher Betrieb. Hinter Manni rauscht der Krankenwagen mit Blaulicht und Vollgas vorbei.

Splitscreen: Lola flüstert vor sich hin: «Manni. Bitte. Manni. Warte.» Manni, der immer nervöser vor dem Supermarkt auf und ab geht, hält nach Lola Ausschau. Lola rennt weiter auf der anderen Leinwandhälfte und zischt vor sich hin.

51

Der Sekundenzeiger der Supermarktuhr bleibt auf der Zwölf stehen.
Lola biegt gerade um die Ecke, als Manni sich abwendet, die Waffe zückt und in den Supermarkt hineinmarschiert. Die beiden verpassen sich um Haaresbreite.
«MAAANNIII ...»

Hinter Manni schließt sich mit einem Krachen die elektrische Schiebetür des Supermarkts. Lolas Schrei wird verschluckt. Manni geht mit forschem Schritt zu den Kassen, stellt sich in die Mitte und schießt einmal in die Luft. Kunden wie Kassiererinnen zucken zusammen, viele schreien auf. Dann starren sie alle auf Manni. Der redet ziemlich leise.
«Okay, ihr legt euch jetzt alle auf den Boden, Hände hintern Kopf und Klappe halten. Kassen auf. Wer mich nervt, den knall ich ab.»
Langsam legen sich alle schweigend auf den Boden. Alle Kassiererinnen folgen brav Mannis Anweisung. Die Kassen springen auf.

Lola kommt draußen an. Sie drückt ihr Gesicht verschwitzt und entsetzt an die Scheibe.
«Nein ...»
Manni steht mit dem Rücken zu Lola vor den Kassen und wartet, bis auch wirklich alle am Boden liegen. Sie haut gegen die Scheibe. «Manni!»
Manni dreht sich um: In seinem Ausdruck ist eine irre Ruhe.
«Lola ... wo warst du denn?»
Lola antwortet durch die Scheibe. «Es ging nicht schneller.»
Sie reden ganz ruhig miteinander, fast zärtlich, als wären sie ganz nah zusammen, als wäre keine Fensterscheibe zwischen ihnen.
«Hilfst du mir?»
«Können wir nicht schnell abhauen?»
«Ist jetzt zu spät. Siehst doch die Scheiße hier.»
«Warum hast du nicht auf mich gewartet?»

52

«Hab ich doch. Du bist zu spät. Also was ist, kommst du?»
«Okay.»

Sie geht zur Eingangstür. In diesem Augenblick springt der
Wachschutzbeamte nach vorn und steht mit ausgestreckter
Waffe da. Leicht zitternd umklammert er seine Pistole mit
beiden Händen. «Die Hände hoch, Junge, aber dalli!»
Manni wendet sich zu dem nervösen Beamten und schaut
ihn an.
«Was ist, na mach schon!»
Manni rührt sich nur sehr langsam. Schließlich hebt er die
Hände. Lola nimmt einer aristokratischen Frau die Ein-
kaufstüte ab.
Der Wachschutzbeamte hört Geräusche hinter sich, aber er
wagt nicht, sich von Manni abzuwenden. «Die Waffe weg!
Die Waffe weg, na wird's bald!»
Hinter dem Mann erscheint Lola, er spürt sie direkt hinter
sich, dreht sich halb um – da zieht sie ihm die volle Ein-
kaufstüte über den Schädel. Der Wachschutzbeamte geht
zu Boden, ein paar Kunden schreien auf. Die Waren aus der
Tüte purzeln über den verdatterten Beamten, dessen Waffe
über den Boden rutscht. Sie landet bei Manni, der sie mit
dem Fuß stoppt. Er blickt zu Lola und schiebt ihr die Waffe
über den Boden wieder zurück. Sie hebt sie auf und nimmt
sie in beide Hände, ziemlich ungelenk.
Der Wachschutzbeamte hält sich den Kopf, sie richtet die
Pistole auf ihn und sagt: «Liegenbleiben.»
Manni ruft: «Paß auf, die ist nicht entsichert, glaub ich.»

53

«Wie geht'n das?»

«Da ist so 'n kleiner Hebel an der Seite.»

Lola betrachtet die Waffe in ihren ausgestreckten Händen. Der Daumen findet den Hebel. Der Wachschutzbeamte benebelt: «Kind, du kannst doch mit so 'nem Ding gar nicht umge...» WAMM! Links neben seinem Kopf fetzt eine Kugel in den Steinboden. In Lolas angespanntem Griff hat sie sich gelöst. Der Wachschutzbeamte versteckt sich unter seinen Armen und ist augenblicklich still.

«Liegenbleiben.»

«Okay, komm schnell. Du paßt auf, ich räum ab.»

Lola geht zu ihm hin und richtet ihre Waffe irgendwie auf alle am Boden Liegenden, während Manni zu der ersten Kasse geht, sich eine Plastiktüte schnappt und das Geld reinstopft.

«Beeil dich – bevor die Bullen kommen.»

Manni springt schon über das Rollband zur nächsten Kasse. Lola beobachtet alles nervös.

Lola und Manni kommen aus dem Supermarkt und rennen los. Manni hält die Plastiktüte. In der rechten Hand hat er immer noch den Revolver. Sie laufen, so schnell sie können, um drei Straßenecken, dann werden sie langsamer. Sie blicken sich an, lächeln sich zu, eine Mischung aus totaler Verspannung und völliger Erleichterung.

An der nächsten Straßenecke hält mit quietschenden Reifen ein Polizeiauto. Lola und Manni drehen schnell um und spurten zurück, quer über die Straße. Auf der anderen Seite

halten aber jetzt zwei Polizeiwagen und eine Wanne. Mehrere Polizisten springen auf die Straße, einige mit gezückter *pulled-out* Waffe. Lola und Manni machen sofort kehrt und rennen mitten auf der Straße auf vier Polizisten zu, von denen schon zwei in die Hocke gehen und anlegen.

«Stehenbleiben! Stehenbleiben!»

Manni wirbelt wutentbrannt die Plastiktüte in die Richtung der Polizisten.

Einer der Polizisten, ziemlich nervös, blickt angespannt hoch zu der heranfliegenden Tüte. «Stehenb...»

WAMM! Ein Schuß löst sich aus seiner Pistole. Er selbst ist geschockt. Die Kugel trifft Lola. Sie wird mitten im Lauf gestoppt und nach hinten geworfen. Langsam bricht sie zusammen. Manni beugt sich über sie, ungläubig.

Lola schaut ihn an, ein bißchen Blut läuft ihr aus dem Mund.

Manni blickt sie wie betäubt an. Plötzlich ist es total still.

Lolas Augen wandern zur Seite: Manni liegt neben ihr. Beide rauchen. Sie sprechen ganz, ganz leise.

«Manni?»

«Mhm.»

«Liebst du mich?»

«Na sicher.»

«Wie kannst du sicher sein?»

«Weiß nicht. Bin's halt.»

«Aber ich könnte auch irgendeine andere sein.»

«Nee.»

«Wieso nicht?»

«Weil du die Beste bist.»

«Die beste was?»

«Na, die beste Frau.»

«Von allen, allen Frauen?»

«Klar.»

«Woher willst du das wissen?»

«Ich weiß es halt.»

«Du glaubst es.»

«Na gut, ich glaub's.»

«Siehste.»

«Was?»

«Du bist dir nicht sicher.»
«Sag mal, spinnst du jetzt, oder was?»

«Und wenn du mich nie getroffen hättest?»
«Was wär dann?»
«Dann würdest du jetzt dasselbe 'ner anderen erzäh-
len.»
«Was erzähl ich denn?»
«Daß ich die Beste bin und so.»
«Ich brauch's ja nicht zu sagen, wenn du's nicht hören
willst.»
«Ich will überhaupt nichts hören. Ich will wissen, was
du fühlst.»
«Okay. Ich fühle, daß du die Beste bist.»
«Dein Gefühl. (Pause) Wer ist das, dein Gefühl?»
«Wie meinst du das?»
«Na, wer ist das, der da zu dir spricht.»
«Na ich. (Überlegt) Mein Herz.»
«Dein Herz sagt: ‹Guten Tag, Manni, die da, die ist es›?»
«Genau.»

«Und du sagst dann: ‹Ach ja, recht herzlichen Dank für diese Information, auf Wiederhören bis zum nächsten Mal›?»

«Genau.»

«Und du machst alles, was dein Herz dir sagt?»

«Na ja, das sagt ja nichts ... es fühlt halt.»

«Und was fühlt es jetzt?»

«Es fühlt, daß da jemand gerade zuviel blöde Fragen stellt.»

«Ach Mann, du nimmst mich überhaupt nicht ernst.»

«Ey. Lola, was ist los?»

«Ich weiß nicht.»

«Was ist denn?»

«Ich weiß nicht.»

«Willst du weg ... von mir?»

«Ich weiß nicht. Ich muß mich grad entscheiden ... glaub ich.»

Manni beugt sich über Lola.
Ihr fließt Blut aus dem Mundwinkel. «Aber ich will nicht.
Ich will nicht weg.»

Die Plastiktüte wirbelt durch die Luft.

Lola: «Stop.»

Die Plastiktüte verwandelt sich per Schnitt in den Telefonhörer.

Der Hörer wirbelt durch die Luft, auf das Telefon zu. Er
kracht präzise auf die Gabel des Telefons.

Lola läuft durch den Flur zur Wohnungstür und verschwindet nach links ins Treppenhaus ...

Die Mutter sitzt wieder auf ihrem Sofa vor dem Fernseher
und ruft Lola hinterher: «Lola? Gehst du einkaufen? Ich
brauch Shampoo!» Wir fliegen um sie herum auf den Fernseher zu, bis er das Bild füllt: Da ist wieder die Trick-Lola
im TV ...

*Die Zeichentrick-Lola rennt wieder hektisch durch das end-
lose Treppenhaus, tiefer und tiefer ... da ist wieder der fiese
Junge mit seinem Hund ... und, anders als beim ersten Mal,
stellt der fiese Junge diesmal Lola ein Bein. Sie stolpert,
fällt einen ganzen langen Treppenabsatz hinab, stürzt ...*

Lola rennt

Zweite Runde

... und die echte Lola landet auf dem Boden des Erdgeschosses. Sie rappelt sich schnell auf, reibt sich den Oberarm und läuft zur Haustür, die von ihr aufgerissen wird.

Lola läuft durch den kleinen Vorgarten, öffnet das Gartentor und rennt, diesmal leicht humpelnd, den Bürgersteig entlang, um die beiden Ecken wie beim letzten Mal. Die Straßen werden etwas belebter. Wieder die gleichen Leute, denen sie ausweichen muß.

Die schlechtgelaunte Doris muß wieder mitsamt dem Kinderwagen zur Seite springen, Lola streift sie am Arm und reißt sie ein Stück zur Seite. Doris schimpft hinterher.
«Mensch! Augen auf, du blöde Kuh!»
Lola dreht sich diesmal um. «'tschuldigung!» Sie ist deutlich aggressiver.
«Kackschlampe!»

Flashforward: Die Zukunft von Doris (Variante 2).

Lola rennt weiter.
Meier, hinter seinem Lenkrad, starrt auf das hochgleitende Garagentor, fährt los.
Auf dem Bürgersteig kommen Lola wieder die Nonnen entgegen. Lola drängt sich hindurch. Eine sieht komisch aus. Sie dreht sich im Laufen noch mal um. Eine blinde Nonne?

Da fährt wieder Mike auf dem Fahrrad neben ihr her und brüllt: «Ey, brauchst 'n Fahrrad? Fünfzig Mark! Wie neu!»

UND
DANN

Die Zukunft von Doris (Variante 2)

- Beim Ausfüllen eines Lottoscheins.
- TV-Monitor: die Lottoziehung.
- Die Frau steht jubelnd auf ihrem Sofa vor dem TV und wedelt ihrem Mann mit dem Lottoschein zu.
- Sie und ihr Mann liegen sich glücklich in den Armen.
- Sie steigt im Pelzmantel in seinen neuen Daimler, im Hintergrund der neue Bungalow.
- Die Bild-Zeitung titelt mit einem Foto der Familie am Swimmingpool: «Jackpot-Herrlichkeit!»

«Ist doch geklaut!»
Mike fährt kopfschüttelnd weiter.

Flashforward: Mikes Zukunft (Variante 2).

Lola rennt.

Der Wagen von Herrn Meier schiebt sich, deutlich zu schnell, direkt vor Lola auf den Bürgersteig. Sie läuft fast dagegen, bremsen geht nicht mehr ... da macht sie einen Riesensatz und springt direkt vor seiner Windschutzscheibe quer über den Kühler.
Herr Meier schaut Lola erschrocken hinterher. Er rollt weiter auf die Straße.
Nicht auf die Fahrbahn achtend, kracht er wieder in den vorbeirauschenden BMW, diesmal weiter hinten.

Lola rennt, sich umdrehend, weiter. Sie sieht im Augenwinkel noch die drei ungemütlichen Typen aus dem Auto steigen.

Lola kommt um die Ecke gelaufen – und erschreckt sich über den Penner, der direkt dahinter angelaufen kommt. Sie stößt mit dem Mann zusammen und rennt dennoch gleich weiter.

In der Bank, das Büro von Lolas Vater. Er steht nah bei Jutta. Sie flüstert:

**UND
DANN**

Die Zukunft von Mike (Variante 2)

- Er sitzt, ziemlich abgewrackt, in einem
  Hauseingang.
- Er hockt bettelnd vor einem Supermarkt.
- Er bettelt in der U-Bahn.
- Er quatscht im Wald, auf einer Bank sitzend,
  eine Frau an.
- Er geht hinter der Frau her, die in einem
  Waldstück verschwindet.
- Er liegt als Junkie in der Ecke eines öffentlichen
  Herrenklos.

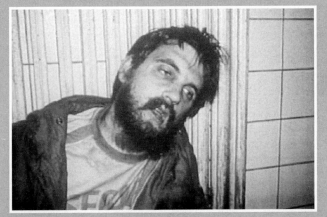 

«Sag. Willst du ein Kind von mir?»
Lolas Vater überlegt einen Moment, dann streicht er ihr
zärtlich über das Gesicht. «Ja.»
Jutta ist irgendwie angespannt.
«Auch wenn es nicht von dir ist?»
Lolas Vater hält inne. Sein Gesichtsausdruck verdunkelt
sich.

Lola kommt durch die Drehtür und spurtet wieder durch
die Schalterhalle der Bank. Schuster, am Durchgang zum
Bürotrakt, versucht, seinen Spruch loszuwerden: «Holla,
holla, Lolalola ...»
Lola unterbricht ihn augenblicklich: «Ich hab's eilig, bit-
te ...!» Sie deutet zur Tür. «Bitte. Ich muß da rein.»
«Höflichkeit und Selbstbeherrschung ... sind die Zierde der
Königin.»
«Kann ich bitte durch.» Lola ist nicht besonders freund-
lich.
Schuster tippt die Codenummer ein. «Na ja. So 'n bißchen
Wut, das ... ist ganz gut. Für die Seele. Den Kreislauf. Und
die Haut.»
Lola huscht durch die Tür. Das kann sie sich jetzt nicht
anhören.

Schuster lächelt ihr hinterher: «So intim wollt ich gar nicht
werden ...»

Lola rennt durch den Gang, etwas geladen. Frau Jäger
kommt ihr wieder entgegen, aber es gibt keinen Kontakt.

Vor der Bürotür des Vaters stehen drei Angestellte, die dezent horchen. Von drinnen kommt Gebrüll.
Lola reißt einfach die Tür auf.

Im Büro steht der Vater mit dem Rücken zur Tür und brüllt Jutta an, die sich die Ohren zuhält. Lola erstarrt.
«Das ist mir vollkommen egal, ob's was bedeutet! Was soll das denn für 'ne Liebe werden, wenn's schon so losgeht!»
Jutta Hansen brüllt zurück: «Wenn du mich nicht so oft allein lassen würdest, dann wär das überhaupt nicht passiert!»
«Ich hab 'ne Familie, zum Teufel!! Ich kann nicht einfach 'ne kranke Frau und drei Kinder sitzenlassen, bloß weil Madame grad Spaß dran hat!»
«Deine Frau ist doch nicht krank, die ist besoffen! Von morgens bis abends!»
«Na und!!! Was weißt du denn schon!»
Jutta brüllt ganz überraschend Lola an: «Was wollen Sie denn? Sie sehen doch, daß Sie stören!»
Der Vater dreht sich um und hält verdutzt inne. «Lola?»
«Hallo, Papa.»

Im Hintergrund verdrücken sich langsam die Angestellten aus der Sichtlinie durch die offene Tür.

«Lola! ... Wieso ... klopfst du nicht an?»
«Was macht ihr denn hier?»
«Was *willst* du denn hier?»

Jutta Hansen verschränkt bockig die Arme – «Ist das deine Tochter?» – und versucht, sich zu beherrschen. Der Vater herrscht Lola an: «Mach die Tür zu!» Sie gehorcht, ohne zu wissen, warum. «Was willst du hier?»
Lola ist so verdattert, sie kann nur stammeln: «Ich ... ich brauch deine Hilfe.»
«Ich kann jetzt nicht! Das siehst du doch.»
«Trotzdem! Es geht nicht anders.»
«Verdammt noch mal, was machst du ausgerechnet *jetzt* in meinem Büro? Ich hab hier ein Problem, verstehst du?»

Lola kommen die Tränen. «Wer is'n die Tussi?»
«Das geht dich nix an.»

Lola steht vor dem Vater und heult. Ihr fällt einen Moment lang nichts mehr ein. Jutta steht hinter den beiden, Arme verschränkt. Eine Weile stehen sie alle so da.

«Lola. Geh. Geh nach Hause. Laß mich in Ruhe.»
«Ich kann nicht.»
«Warum nicht?»
«Ich brauch Geld.»
Der Vater muß unwillkürlich lachen. «Dann geh arbeiten.»
«Das werd ich auch, aber ich brauch jetzt Geld, jetzt gleich.»
Der Vater holt aus seiner Hosentasche eine Geldbörse heraus. «Gut. Hauptsache, du verschwindest. Wieviel?»
«Nein, nicht so ... ich brauch ... viel mehr.»
«Viel mehr? Was heißt viel mehr?»
«Viel, viel mehr.» Lola ist völlig überfordert.
Jetzt greift Jutta ein, die aus ihrer Schockerstarrung erwacht ist. «Sag mal, schämst du dich gar nicht? Weißt du eigentlich, was hier gerade los ist?»
«Das ist mir scheißegal, ich kenn dich nicht, du blöde Kuh, ich hab andere Sorgen!»
Lolas Vater sieht rot. Er knallt Lola eine, ein bißchen zu fest, und sie verliert das Gleichgewicht. Jutta erschrickt.
Der Vater hält Lola den Zeigefinger vors Gesicht. «Wag es nicht!»

Lola faßt sich an die Lippe, das tut weh. Sie richtet sich wieder auf.

Der Vater und Lola starren sich einen langen Augenblick an. Er hält ihr immer noch drohend den Zeigefinger entgegen.

Lola wendet sich ab, geht zur Tür. Doch bevor sie diese öffnet, fegt sie ein paar Prospekte und Aschenbecher von einem Beistelltisch neben der Tür. Die Gegenstände fliegen dem Vater vor die Füße. In einem wilden Wutausbruch sucht sie sofort nach weiteren Gegenständen, reißt ein Bild von der Wand und schmeißt es nach dem Vater, der in Deckung geht. Sie schmettert noch Aktenordner und ein Obsttablett hinterher, reißt die Tür auf und läßt sie krachend hinter sich ins Schloß fallen.

Der Vater und Jutta Hansen stehen fassungslos da.

Lola stampft heulend den Gang hinunter. Frau Jäger steht an einem Fotokopierer und blickt sie verwundert an. Lola brüllt sie im Vorbeilaufen heulend an: «Was!!?»

Frau Jäger wendet sich erschrocken ab. Lola erreicht die Tür mit dem Code. Sie haut gegen die Tür, heftig, so lange, bis sie endlich von außen geöffnet wird.

Schuster steht etwas irritiert hinter der Tür, er hält die Hand im Reflex auf den Revolver im Holster an der Hüfte. «Was denn, was denn ...»

Lola starrt Schuster mit verheulten Augen an. Sie sieht seinen Revolver. Einen Augenblick fixiert sie die Waffe, dann dreht sie ab.

Schuster, leise: «Ist heut nicht so dein Tag, was? Macht doch nix. Man kann nicht immer alles haben.»

Lola bleibt stehen. In ihrem Kopf scheint es zu rattern. Dann dreht sie sich abrupt um und läuft auf den überraschten Schuster zu. Der weicht fast zurück, doch sie greift ihm ans Holster und schnappt sich blitzschnell den Revolver.

Ein Angestellter kommt in diesem Augenblick aus der Schiebetür, Lola huscht sofort zurück in den Gang. Bevor Schuster schalten kann, hat sich die Tür hinter ihr geschlossen.

Lola rennt den Gang runter, wieder guckt ihr Frau Jäger verwundert nach. Erschrocken registriert sie die Pistole.

Lola reißt die Tür auf und richtet die Waffe auf den Vater, der sich hinter seinem Schreibtisch in den Stuhl hat fallen lassen.

Jutta steht am Fenster und blickt hinaus. Es dauert, bis sie dann doch die Waffe wahrnimmt.

Der Vater schaut Lola ernst und erschöpft zugleich an.

«Was soll der Quatsch?»

«Du kommst jetzt mit. Los.»

«Sag mal, bist du noch zu retten? Was glaubst du eigentlich ...»

«Schnauze! Geh vor.»

Lola fuchtelt mit der Knarre rum, weist zur Tür. Dort erscheint Schuster, außer Atem. Hinter ihm im Gang weitere Angestellte, die neugierig um die Ecke schauen.

Der Vater ist für einen Moment sprachlos.

Schuster legt einen pädagogischen Tonfall auf, den er sonst bei Lola nie an den Tag legt. «Kind, du kannst doch mit so 'nem Ding gar nicht umgehen ...»

Lola denkt nach. Dann schiebt sie automatisch den Entsicherungshebel mit dem Daumen zur Seite.

Schuster kommt näher. «Hör zu, ich mach dir einen Vorschlag ...»

WAMM! WAMM!

Links und rechts vom Kopf des Vaters sprengen zwei Kugeln dicke Löcher in die Wand. Er wird aschfahl. Schuster und Jutta auch. Im Gang ertönen ein paar erschrockene Schreie.

Lola und ihr Vater starren sich einen Moment an.

Lola drängt ihren Vater eilig durch den langen Bürogang Richtung Schalterhalle, mit der Pistole am Hals.

In einigen Bürotüren tauchen entsetzte Bankmitarbeiter auf. Schuster läuft mit ein paar Neugierigen in gemessenem Abstand hinter den beiden her; zu ihm gesellen sich einige weitere Angestellte mit ungläubigem Blick. Man tuschelt: «Polizei», «seine Tochter».

Lola ist zugleich wütend und durcheinander. Der Vater muß immer wieder ungläubig lachen, ansonsten fügt er sich in sein Schicksal.

Frau Jäger tritt in ein paar Metern Entfernung auf den Gang und stellt sich mutig in den Weg. Beschwichtigend hebt sie die Hände: «Paß auf, Kind, wir können alles besp...» Lola hört gar nicht hin, zielt mit der Pistole auf sie und schreit sofort: «Verpiß dich!»

Sie brüllt so überzeugend, daß Frau Jäger sofort ausweicht und sich an die Wand preßt.

Flashforward: Die Zukunft von Frau Jäger (Variante 2) in einer Abfolge von Fotos.

**UND
DANN**

Die Zukunft von Frau Jäger (Variante 2)

– Frau Jäger steht verschämt grinsend am
  Fahrstuhl.
– Kruse, der Kassierer, lächelt ihr hinter seiner
  Kasse zu.
– Kruse und Frau Jäger unterhalten sich im Lift.
– Kruse und Frau Jäger beim Abendessen.
– Frau Jäger nackt in Ledermontur, peitscht den
  über einen Stuhl gebeugten Kruse auf den
  Hintern.
– Frau Jäger mit Kruse lachend bei einem Boots-
  ausflug am Schlachtensee.
- Frau Jäger und Kruse gehen Hand in Hand einen
  Waldweg entlang.

Die letzte Tür vor der Schalterhalle. Lola tritt dagegen, mehrfach, die Tür geht nicht auf.

«Scheiße!»

Vater deutet darauf: «Der Zahlencode», doch Lola will das gar nicht hören. Sie ballert zwei Kugeln in das Schloß der Tür und tritt sie dann ein. So stürzen die beiden in die Schalterhalle.

Dort herrscht Aufregung über die Schüsse. Alle blicken Lola an, die den Vater mit der Pistole an der Backe zur Kasse zieht.

«Ruhe!»

Alle stehen still und schauen schweigend zu. Nur Schuster schleicht immer noch hinterher. Der Vater beginnt verzweifelt zu sprechen: «Lola, was machst du denn, was machst du denn bloß?»

Sie erreichen das verglaste Kassenhäuschen. Kassierer Kruse steht hinter der Scheibe, zur Salzsäule erstarrt. Lola schreit: «Mach auf!»

Kruse geht zitternd zur Tür und fummelt am Schloß.

Lolas Vater spricht leise, mit zittriger Stimme. «Lola, hier sind überall Kameras, du kommst hier doch nie raus. Der Alarm ist schon längst ausgelöst. Gleich ist überall Polizei.»

«Du hast doch immer gesagt, wenn's mal ernst wird, kommen die sowieso zu spät.»

Kruse öffnet und läßt die beiden rein. Lola drängt ihren Vater nach vorn zur Ecke, geht auf Abstand und hält so Kruse und den Vater in Schach. Die Tür bleibt offenstehen, und Schuster schleicht sich langsam näher.
Lola dirigiert mit der Pistole Kruse zur Kasse: «Pack ein. Hunderttausend.» Kruse ist total durcheinander. Er blickt hilfesuchend zum Vater. «Tun Sie's.»
Kruse sammelt die Scheine ein.

Schuster steht in der Tür und versucht noch mal sein Glück: «Ksst! Mädchen. Komm schon. Tu die Pistole weg. Laß deinen Papa in Ruhe. Du willst doch niemandem weh tun, oder?»
Lola, extrem angespannt, wendet sich zu Schuster und streckt wutfunkelnd die Waffe direkt in sein Gesicht. «Ich weiß nicht.»
Schuster ist erschrocken. Er kriegt plötzlich Atemnot. Seine Hand fährt zum Herz. Er muß sich augenblicklich setzen.
Kruse zeigt auf den Geldstapel. «Reicht nicht.»
«Wieso?»
«Nur achtundachtzigtausend. Den Rest müßt ich holen, unten.»
Lola überlegt einen Augenblick angestrengt.
«Okay. Gehen Sie. (Kruse zögert) Na, gehen Sie, gehen Sie! Schnell, Mann!»

Kruse eilt nach draußen. Lola und der Vater sind allein im Kassenhäuschen. In der ganzen Schalterhalle ist es gespenstisch ruhig. Der Vater geht langsam in die Hocke und schaut mit traurigem, aufgeweichtem Gesicht zu seiner Tochter, dann wieder weg, irgendwohin. Dann schauen sie sich wieder an. Ihre Blicke sind schwer zu lesen. Ein langer Augenblick vergeht.
Kruse kommt wieder angeeilt. Er bleibt im Türrahmen stehen und sieht die beiden Schweigenden.
Lola und der Vater blicken Kruse an. Er tritt ein und legt einen weiteren kleinen Geldstapel auf den Tisch. «Hunderttausend.» Lola deutet auf den mit einer Plastiktüte ausgelegten Papierkorb.

«Da rein.»

Kruse schiebt das Geld in den Papierkorb und reicht ihn Lola, die sich die Tüte schnappt. Sie blickt zum Vater in der Hocke, der nicht zurückschaut. «Tschau, Papa.»

Einen Moment verweilt sie noch, aber er schaut nicht auf. Lola spurtet weg. Im Vorraum der Bank schleudert sie die Pistole weg ...

... und kommt auf die Straße gehechtet. Sie blickt sich um; es ist seltsam ruhig auf dem Platz vor dem Bankgebäude. Wo sind die Menschen? Plötzlich realisiert sie, daß sie umstellt ist. Hinter diversen Polizeifahrzeugen stehen Beamte und halten ihre Waffen auf den Bankeingang gerichtet. Links und rechts ist die Straße komplett mit Polizeiwannen gesperrt.

Lola hält die Luft an. Es ist furchtbar still.

«Das gibt's nicht.»

Seitlich raunt ihr ein Polizist zu: «He! Ksst! Mädchen!» Sie blickt zu ihm. Er winkt sie zur Seite, so als solle sie die Sicht frei machen. Lola versteht nicht. Der Polizist winkt hektisch, so wie jetzt auch ein paar der Zivis.

«Verschwinde! Du stehst in der Schußlinie!»

Zivis und Polizisten fauchen: «Weg! Weg da!»

Lola steht wie angewurzelt. Die Plastiktüte baumelt in ihrer Hand. Plötzlich wird sie von der Seite umgeworfen. Ein SEK-Mann reißt sie mit, umklammert sie, trägt sie rennend mit und wirft sich mit ihr zwischen zwei Autos.

«Au!!» Der Sturz hat ihr weh getan, dem SEK-Mann auch.
Die beiden liegen am Boden. Er reibt sich den Arm, sie sich
den Kopf.
«Bist du lebensmüde?»

Der SEK-Mann schleicht davon.
Ein krächzendes Megaphon durchschneidet die Stille.
«Achtung, Achtung. Hier spricht die Polizei. Das Gebäude
ist umstellt. Verlassen Sie sofort mit erhobenen Händen das
Haus.»

Lola wartet nicht lange. Sie schleicht sich davon, huscht
seitlich durch die Straßensperre und verschwindet rasch
hinter der nächsten Ecke.
Dabei läuft sie fast in die Arme der alten Frau, die mit anderen Schaulustigen den Polizeieinsatz beobachtet.
Die alte Frau lächelt ihr zu. «Hier ist ja was los.»
«Haben Sie die Uhrzeit?»

Die Uhr am Supermarkt springt auf zwei Minuten vor
zwölf. Manni steht in der Telefonzelle, läßt den Hörer
fallen.
«Okay.»
Er geht los.

Lola rennt die Straße hinunter. Hinter ihr kommt der Krankenwagen mit Blaulicht angerast, er hupt.
Lola dreht sich um, will ihn aufhalten. Der Fahrer hupt

und schimpft. Lola ruft ihm zu: «Nehmt mich mit! Bitte!
Nur 'n Stück!»
Der Krankenwagenfahrer zeigt ihr einen Vogel, gibt Vollgas, rauscht an ihr vorbei – und sieht zu spät den Glastransport, der gerade mit der riesigen Schaufensterscheibe
die Straße überquert!
CRASH! Trotz Vollbremsung rast der Krankenwagen in das
Glas, das sofort in tausend Stücke zerbirst. Die Transpor-
teure stehen etwas seltsam da: nur mit ihren Saugnäpfen.

Manni geht auf den Supermarkt zu.

Lola rennt. Es wird wieder stiller um sie. Sie spricht zu sich:
«Warte. Manni. Ich komme. Ich schaff's.»

Die Uhr am Supermarkt springt auf 11 Uhr 59.

Manni, nah, erreicht den Supermarkt und drückt seine Nase
an die Scheibe. Er starrt auf die vielen Kassen.

Lola, nah. Sie flüstert vor sich hin. «Manni. Warte. Ich
schaff's. Ich schaff's. Ich schaff's.»

Manni geht immer nervöser vor dem Supermarkt auf und
ab und hält nach Lola Ausschau.

Lola rennt weiter und zischt vor sich hin.

Splitscreen: Beide Köpfe sind nun in gleicher Größe.

Die Supermarktuhr: Die Sekundenzeigerspitze bleibt auf der Zwölf stehen. Es ist zwölf Uhr. Glocken läuten.

Lola biegt um die Ecke. Manni will sich gerade abwenden.

«MAANNIIII!»

Manni bleibt stehen und blickt zu ihr auf die andere Straßenseite. Sein Gesicht erhellt sich. Er scheint ganz erleichtert zu sein, seinen Plan erst mal verschieben zu können. Ein bißchen abwesend sieht er aber dennoch aus.
«Lola ...»
Lächelnd geht er auf sie zu, will die Straße überqueren.

Plötzlich biegt mit quietschenden Reifen der Krankenwagen um die Ecke und jagt mit Vollgas auf Manni zu, der sich gerade mitten auf der Straße befindet.

Alles geht unglaublich schnell. Manni kann gerade noch nach links gucken, da erwischt ihn der Wagen schon mit voller Wucht.
Lola stößt einen erstickten Schrei aus.

Der Krankenwagen kommt nach einer Vollbremsung zehn Meter weiter zum Stehen.

Totenstille, nur ein leiser Wind weht.

Manni liegt auf der Straße, blutüberströmt.

Der Krankenwagenfahrer sitzt am Steuer; er steht unter Schock. Sein Blick wandert zum Seitenspiegel: Dort sieht er Lola, die Frau, die ihm vor ein paar Minuten noch vor den Kühler gerannt ist.

Lola steht ungläubig am Straßenrand. Sie läßt die Plastiktüte mit dem Geld fallen, geht unendlich langsam, wie in Trance, zu Manni, beugt sich zu ihm, nimmt seinen Kopf in die Hand. Ihr laufen die Tränen übers Gesicht.

Die Plastiktüte fällt immer noch zu Boden.

Manni blickt Lola an und lächelt schwach, während ihm Blut aus dem Mund quillt.
Lola weint.

Super-Closeup von Manni. Der Ton verschwindet.

Manni blickt zur Seite. Lola liegt neben ihm im Bett. Beide rauchen.

«Lola? Wenn ich jetzt sterben würde, was würdest du machen?»

«Ich würd dich nicht sterben lassen.»

«Na ja, wenn ich todkrank wär, und es gäb keine Rettungsmöglichkeit.»

«Ich würd eine finden.»

«Jetzt sag doch mal. Ich lieg jetzt im Koma, und der Arzt sagt, ein Tag noch.»

«Ich würd mit dir ans Meer fahren und dich ins Wasser schmeißen. Schocktherapie.»

«Ja gut, aber wenn ich dann trotzdem tot wär?»

«Was willst 'n jetzt hören?»

«Sag doch mal.»

«Ich würd nach Rügen fahren und deine Asche in den Wind streuen.»

«Und dann?»

«Was weiß ich? So 'ne blöde Frage.»

«Ich weiß es. Du würdest mich vergessen.»

«Nee.»

«Doch, doch. Klar. Sonst kannst du nicht weiterleben.

Ich mein, klar würdest du trauern. Die ersten Wochen
bestimmt. Ist ja auch nicht schlecht. Alle sind total mit-
fühlend und echt betroffen ... und ... alles ist so unendlich traurig. Und du kannst einem am Anfang nur tie-
risch leid tun. Und du kannst allen zeigen, wie stark du
eigentlich bist. ‹Was für eine tolle Frau›, werden die
dann alle sagen. ‹Die reißt sich echt am Riemen und ist
nicht hysterisch, heult den ganzen Tag rum oder so.›
Und dann kommt auf einmal dieser unheimlich nette Typ
mit den grünen Augen. Und der ist so supersensibel,
hört den ganzen Tag zu und läßt sich so richtig schön
vollabern. Und dem kannst du dann erzählen, wie
schwer du es grade hast und daß du dich jetzt echt
erst mal um dich selbst kümmern mußt und daß du nicht
weißt, wie es weitergehen wird, und bäh bäh bäh. Und
dann hockst du plötzlich bei ihm auf dem Schoß, und
ich bin gestrichen von der Liste. So läuft das nämlich.»

«Manni.»

«Was.»

«Du bist aber nicht gestorben.»

Lola rennt

Dritte Runde

Plötzlich kommt der Straßenton zurück. Das Licht auch. Manni blutet. Er hustet und blickt Lola an, die sich über ihn beugt. «Nicht?»

Die Tüte fällt noch immer, sie ist kurz vor dem Aufprall und verwandelt sich in den Telefonhörer. Der Hörer knallt krachend, aber präzise auf die Gabel des Telefons.

Lola saust durch den Flur, sie verschwindet, die Mutter ruft wieder hinterher, wir landen auf dem Monitor, bei der Trick-Lola ...

Die Zeichentrick-Lola rennt hektisch durch das endlose Treppenhaus, tiefer und tiefer. Der fiese Junge und sein Hund stehen wieder an ihrem Treppenabsatz. Diesmal kläfft der Köter plötzlich los, wild und bedrohlich. Lola erschrickt und springt über ihn hinweg. Endlich erreicht sie die Haustür ...

Die echte Lola reißt die Haustür auf. Sie läuft durch den kleinen Vorgarten, öffnet das Gartentor und rennt, wie gehabt, um die vertrauten Ecken. Die Straßen werden etwas belebter. Wieder die gleichen Leute, denen sie ausweichen muß.
Sie huscht diesmal ohne Probleme an der schlechtgelaunten Doris vorbei.

Flashforward: Die Zukunft von Doris (Variante 3).

**UND
DANN**

Die Zukunft von Doris (Variante 3)

– Sie wird auf der Straße von einer Zeugin
 Jehovas angesprochen.
– Im Gottesdienst.
– Zu Hause kniet sie vor dem Bett und betet
 mit geschlossenen Augen, ihr Mann guckt sie
 irritiert an.
– In einer Bibelgruppe beim Singen.
– Vor dem Altar einer Kirche kniend, legt ihr ein
 Geistlicher ein Stück Eßpapier auf die Zunge.
– Sie steht an der Straße und bietet Passanten die
 Hefte «Erwachet!» und «Wachturm» an. Neben
 ihr steht der Kinderwagen.

Lola rennt.

Diesmal weicht sie den Nonnen auf der Straße aus und rennt dabei fast in Mike auf seinem Fahrrad, der abdreht und sich gerade noch halten kann: «Ey! Paß auf!»

«'tschuldigung.» Sie rennt weiter.

Mike sprintet kopfschüttelnd auf die andere Straßenseite und biegt ab. Lola blickt ihm nach ...

Mike hält an einer Imbißbude, geht zum Tresen. Dort steht der Penner mit Mannis Plastiktüte und genehmigt sich gerade einen Doppelten.

Mike bestellt: «Curry-Pommes. Und 'ne Cola», der Penner: «Noch einen.»

Der Imbißmann schenkt einen Korn nach, den der Penner runterstürzt. Dann atmet er tief durch und grinst Mike an: «Det Leben is ja wohl echt irre, oder?»

Mike guckt desinteressiert den Penner an, der sich nicht beirren läßt: «Komm, Junge, ick jeb dir einen aus.»

«Brauchst 'n Fahrrad? Ich mach dir 'n Spezialpreis.»

Lola rennt.

Da schießt der Wagen von Herrn Meier auf den Bürgersteig und erwischt Lola frontal mit dem Kühler. Lola kracht auf die Windschutzscheibe.

Herr Meier sitzt starr hinter seinem Steuer.

Aus seiner Sicht: Lola berappelt sich. Auf der Straße fährt der BMW vorbei, den Meier in den vorherigen Episoden immer gerammt hatte.

«Äh ... Lola?» Er kennt sie also.
Lola nickt verdattert zurück. «Hallo. Herr ... Meier.»
«Alles ... in Ordnung?»
Lola rutscht von der Kühlerhaube, schüttelt den Kopf.
«Nein ...»
Aber sie rennt trotzdem sofort weiter. Meier blickt ihr total
verwirrt nach, überprüft dann sein Auto auf Blessuren ...

Der Penner fährt, betrunken grinsend, auf seinem neuen
Fahrrad die Straße hinunter. Im Gepäckkorb liegt die russische Plastiktüte.

Die Bank, das Büro von Lolas Vater.
«Sag. Willst du ein Kind von mir?»
Lolas Vater überlegt einen Moment, dann streicht er Jutta
über das Gesicht. «Ja.»
Stille. Dann kommt über die Sprechanlage eine quäkende
Ansage: «Herr Meier ist für Sie da.»
«Aber da ist noch was ...»
Vater winkt ab: «Nicht jetzt.»
Die Stimme aus der Sprechanlage: «Herr Meier fragt, ob er
noch parken soll oder ob Sie gleich nach vorn kommen.»
«Ja doch!» Der Vater wendet sich liebevoll zu Jutta: «Das
ist das schönste Geschenk, das du mir machen konntest.»
Er schnappt sich seine Jacke, gibt ihr noch einen Kuß und
läuft hinaus. Im Hinauslaufen fragt er lachend: «Sehen wir
uns nachher?»
Jutta nickt.

Lola rennt.

Der Vater geht den Bankbürogang hinunter, im Gang be-
gegnet er Frau Jäger. «Mahlzeit, Frau Jäger.»
«Mahlzeit!»

Lola kommt immer näher.

Der Vater geht durch die Schalterhalle, zwinkert Schuster
zu, der stolz zurücknickt. Kruse guckt auch.

Der Vater wünscht ihm und den anderen «Mahlzeit».
Er geht hinaus auf die Straße. Dort steigt Meier aus seinem
Wagen und kommt ihm entgegen.
«Grüße Sie ...»
«Tag, Herr Meier.»
Sie schütteln sich die Hände und steigen ins Auto.

Lola kommt um die Ecke geschossen und sieht in weiter
Ferne den Vater ins Auto steigen.
«Papa ...?»
Sie ruft, doch die beiden Männer hören sie nicht.

Meier legt einen Gang ein. «Wissen Sie was? Ich hatte gera-
de eine ganz seltsame Begegnung.»
«Ah ja?»
«Mit ... Ihrer Tochter.»
«Mit wem ...??»

Lola kommt angerannt: «Papa! Warte! PAPA! PAPA!!»
Sie bleibt außer Atem stehen, während der Wagen von
Herrn Meier um die nächste Ecke schleicht.
«NEEEIIINN!!!»
Lola keucht und ist verzweifelt. Jetzt schließt sie die Augen.
Im Hintergrund tritt Schuster auf die Straße. Er zieht sich
den Gürtel etwas höher über seine Wampe, grinst: «Da bist
du ja endlich, Schatz.» Lässig zündet er sich seine Zigarette
an. Lola dreht sich langsam zu ihm um, blickt ihn durch-
dringend an. Lolas Blick ist unangenehm. Sie findet ihn of-

fensichtlich ganz und gar nicht lustig. Es ist seltsam still. Laut hört man Schuster schlucken.

Lola rennt davon. Schuster steht mit starrem Blick da. Irgendwas stimmt nicht mit ihm.

Manni in der Telefonzelle. Er knallt den Hörer auf, haut gegen das Telefon, verletzt sich dabei. «Au!» Wütend rupft er die Karte raus und verläßt die Zelle. Er drückt der blinden Frau die Karte in die Hand. «Danke.»

Die blinde Frau hält seine Hand fest: «Warte.»

Er starrt sie verwundert an. Sie schaut zur Seite auf die Straße. Manni folgt irritiert ihrem Blick.

In vergnügter Seelenruhe kommt der Penner die Straße heruntergeradelt. Manni betrachtet ihn – es dauert eine Weile, bis er ihn erkennt. Dann zieht sich plötzlich sein Magen zusammen.

Der Penner fährt vorbei. Mannis Blick huscht über den Gepäckkorb – und erspäht die russische Plastiktüte! Er blickt die blinde Frau an, reißt sich dann los und spurtet hinter dem Penner her.

«Ey!»

Erschrocken dreht der Penner sich um und ist entsetzt, Manni hinter sich zu sehen. Er tritt in die Pedale und versucht abzuhauen.

«HALT AN!»

Ein Wettlauf entsteht. Der Penner gibt alles. Aber Manni ist unglaublich schnell. Sie rasen rücksichtslos auf eine Kreuzung zu.

Herr Meier und Lolas Vater sitzen im Auto und nähern sich eben dieser Kreuzung. Herr Meier redet auf den Vater ein. «Also, ich hab mir dann irgendwann überlegt, daß Kinder für mich nichts sind. Wenn man soviel arbeitet. Die hätten doch nichts von mir ...»
Der Penner saust auf dem Fahrrad bei Rot über die Kreuzung, dicht gefolgt von Manni. Meiers Wagen ist genau auf Kollisionskurs.
«PASS AUF!!» Meier muß das Steuer voll herumreißen, um auszuweichen.
Meiers Wagen verfehlt Manni und den Penner nur knapp, er rauscht auf die Gegenfahrbahn ... und kracht frontal mit dem entgegenkommenden BMW zusammen! Dann brettert die «Schwalbe», die anfangs Lola geklaut wurde, in den Blechberg. Der Typ im Overall purzelt über den Asphalt. Ein blitzschneller, heftiger Auffahrunfall.

Lolas Vater hängt in seinem Gurt, bewußtlos.

Der Penner und Manni haben sich von dem Lärm hinter ihnen nicht beeinträchtigen lassen. Sie spurten wie um ihr Leben.

Von all dem weiß Lola nichts. Sie rennt und weint. «Was soll ich tun? Was soll ich nur tun? Was soll ich denn nur tun??» Diverse Passanten blicken ihr kopfschüttelnd nach. Während sie rennt, schließt sie die Augen, erzeugt wieder diese Stille ... «Komm schon. Hilf mir. Bitte. Nur dieses eine Mal.» Sie preßt die Augen ganz fest zusammen. «Ich werd einfach weiterlaufen, okay? Ich warte ...»
Sie rennt und rennt, mit geschlossenen Augen.
«Ich warte. Ich warte!»

Quietschende Reifen. Eine ohrenbetäubende Mehrtonhupe dröhnt los. Lola wird schockartig aus ihrem «Gebet» gerissen und bleibt stehen. Erst dann öffnet sie die Augen. Wenige Zentimeter vor ihr dampft der gewaltige Kühler eines riesigen Trucks. Von irgendwo kommt die Stimme des Fahrers. «Sag mal, bist du lebensmüde?»

Lola wirft ihm nur einen kurzen Blick zu, dann schaut sie sich um. In ihr Blickfeld gerät ein Schmuckgeschäft, eine Hotelauffahrt, der Casinoeingang, ein Fast-food-Lokal ... das Casino!

Lola rennt schnurstracks auf das Casino zu.

Lola kommt eine Treppe heruntergestürzt, läuft an der Garderobe vorbei und hält an der Kasse. Die Wechselfrau betrachtet sie amüsiert: Lola sieht zum Fürchten aus, abgehetzt, schlampig gekleidet.
«Wie funktioniert das hier?»
«Sie kaufen hier Chips und verspielen sie da drin.»
Lola kramt alles aus ihren Taschen. «Okay. Hier. Und hier.»
Auf der Kassentheke liegen ein Haufen Münzen und drei kleine Scheine.
Die Wechselfrau schiebt alle Münzen in einen automatischen Zählapparat, deutet auf Lolas Aufmachung. «So kommst du hier aber nicht rein.»
«Ich muß aber.»
Die Wechselfrau zuckt mit den Achseln: Ihr soll's ja egal sein. «99,20 DM. Was für Chips sollen's denn sein?»
«Ich brauch nur einen. Gibt's Hunderter?»
«Da fehlt aber noch was.»
«Bitte.»

Lola öffnet die Tür und geht eilig in den Saal. Das Casino ist überraschend gut besucht; in dem stillen Foyer hätte man

das gar nicht erwartet. An den meisten Tischen wird mit Karten gespielt.

Von vereinzelten Gästen wird Lola befremdet gemustert. Sie sucht den Roulettetisch, entdeckt ihn und marschiert schnurstracks darauf zu. Etwa ein Dutzend Spieler haben sich darum geschart.

Ein Tagesmanager erblickt die auffällige Person unter all den seriös getrimmten Gästen. Er folgt Lola.

Lola erreicht den Spieltisch.

«Faites votre jeux. Bitte setzen Sie.»

Lola drängelt sich zwischen zwei ältere sitzende Spieler und legt den Hunderter-Chip auf die Zwanzig. Der Croupier wirft ihr einen skeptischen Blick zu, dann dreht er das Rouletterad. Die letzten Einsätze werden gemacht.

Lola zieht sich wieder zurück in die zweite Reihe. Sie atmet tief ein.

«Und nichts geht mehr.» Und die Kugel rollt.

Lola hält ihre Hände, zu Fäusten geballt, an ihr Kinn, hält die Luft an.

Die Kugel hüpft unentschieden über die einzelnen Fächer.

Lola schließt die Augen, kneift den Mund zusammen und preßt. Die Knöchel ihrer Fäuste werden weiß. Ein leiser, total angespannter Drucklaut entrinnt ihr.

Die Kugel landet in der Zwanzig.

Lola ist ganz rot im Gesicht. Dann hört sie die Stimme des Croupiers. «Zwanzig. Schwarz.»

Ein leises Raunen geht durch die Runde. Lola öffnet die Augen und läßt die angestaute Luft entweichen. Sie ist

schweißnaß, atmet tief durch. Der Croupier schiebt ihr drei Tausender- und fünf Hunderter-Chips über den Tisch. Viele Augen richten sich auf sie. Lola ist ganz ruhig. Die beiden älteren Spieler, die vor ihr sitzen, drehen sich zu ihr um.

Der Tagesmanager klopft ihr von hinten auf die Schulter. Lola wendet sich zu ihm.

«Kommen Sie bitte mal mit.»

Lola schaut ihn mit absoluter Entschlossenheit an. «Ein Spiel noch.»

Der Manager will erst widersprechen, aber dann sieht er Lolas verzweifelten, wilden Ernst im Gesicht. Verdutzt steht er da und widersetzt sich nicht, als sie sich wieder dem Spieltisch zuwendet. Fast alle haben, mehr oder weniger auffällig, zugeschaut. Der Croupier räuspert sich:

«Machen Sie Ihr Spiel.»

Die beiden älteren Spieler machen unbewußt ein bißchen Platz für Lola. Sie schiebt alle Chips zurück auf die Zwanzig. Der Croupier wirft ihr einen verstohlenen Blick zu, dann schaut er zum Manager. Die anderen Spieler setzen zaghaft ihre Kombinationen. Alle sind still und kopfschüttelnd mit Lolas scheinbar irrationalem Einsatz beschäftigt. Die Kugel rollt wieder.

Lola lehnt sich langsam vor, holt Luft und fixiert die Kugel. Sie ballt alle Energie in sich zusammen und richtet sie auf den Lauf der Kugel.

Der Lauf der Kugel wird langsamer, sie nähert sich den Zahlenfächern.

Lola stiert auf die Kugel, mit zusammengepreßten Lippen bahnt sich wieder ein überangespannter Laut den Weg aus ihr heraus.

Die Kugel hopst langsam von Fach zu Fach.

Lolas Mund öffnet sich, ein Schrei platzt aus ihr heraus, ein schriller Schrei, der immer gellender wird. Sie durchbohrt mit ihrem wirren Blick die Kugel und – brüllt die Roulettekugel ins Ziel.

Die Kugel plumpst in das Feld der Zwanzig.

Die meisten Gäste im Casino halten sich die Ohren zu. In diesem Augenblick verstummt Lolas Schrei. Auf den Tischen in unmittelbarer Nähe zerspringen die Gläser. Dann ist es still.

Die Kugel liegt tatsächlich in der Zwanzig.

Der Croupier räuspert sich wieder. So was hat er auch noch nicht erlebt. «Zwanzig. Schwarz.» Alle Spieler starren Lola an. Lola atmet ganz leise vor sich hin. Sie wartet. Die Ruhe im Raum ist gespenstisch. Eine Weile vergeht. Niemand rührt sich. Nur der Croupier beginnt, die Chips einzusammeln und – auszuzahlen.

In der Wechselkasse lädt Lola ihren Berg Chips ab. Die Wechselfrau schaut sie verblüfft an.
«Können Sie ganz schnell machen? Ich brauch dann auch 'ne Plastiktüte oder so was.»

In der Tür zum Saal steht der Tagesmanager. Er weiß nicht, was er dazu sagen soll. Im Saal herrscht immer noch Stille. Alle blicken zu Lola an der Kasse.

An der Wand des Saals hängt eine große, altmodische Uhr. Der Zeiger springt auf elf Uhr siebenundfünfzig.

Manni jagt den Penner in eine engere Straße. Mannis Lunge krächzt. Im Rennen zieht er die Pistole raus.

Der Penner dreht sich zu ihm um. Manni zielt rennend auf ihn: «HALT AN!»
Der Penner gibt frustriert auf, wird langsamer und bleibt schließlich stehen. Manni kommt an und steht keuchend da. Er deutet auf die Tasche. «Ist meine.»
Dem Penner kommen die Tränen über sein unglaubliches Pech. «Ich weiß.»
Manni schnappt sich die Tasche aus dem Korb. «Tut mir leid.»
«Und was mach ich jetzt?»
Manni weiß es nicht, er schaut ihn einfach nur an, immer noch nach Luft schnappend. Der Penner deutet zur Waffe: «Laß mir wenigstens die.»
Manni schaut auf seine Automatic. Er blickt den Penner ernst an, dann gibt er sie ihm.
Der Penner schaut auf die Pistole, dann wieder zu Manni. Aber der ist schon weg. Weit hinten huscht er eilig um die Ecke.

Lola rennt. Der Krankenwagen taucht hinter ihr auf, saust an ihr vorbei. Im Vordergrund schieben sich wieder die Glastransporteure mit der großen Scheibe ins Bild.
Der Krankenwagen bremst scharf und bleibt vor der Scheibe stehen. Lola holt ihn ein und steigt hinten zu. Ein Pfleger guckt sie entgeistert an: «Was willst du denn?»
Der verschwitzte Pfleger drückt einem Mann regelmäßig auf die Brust und zählt zwischendurch: Herzmassage. Lola erkennt den Bewußtlosen: Es ist Schuster!

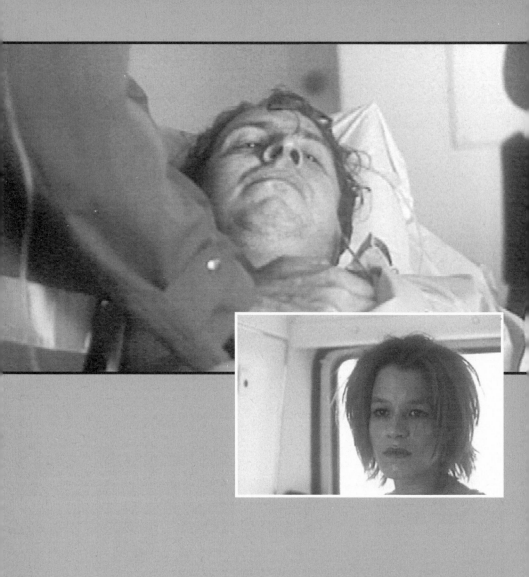

Lola nähert sich. Schuster ist an eine Maschine angeschlossen, die seinen unregelmäßigen Herzrhythmus wiedergibt. Der Pfleger zählt hektisch leise mit.

Lola setzt sich an den Rand der Liege und betrachtet Schuster, der aschfahl im Gesicht ist. «Ich gehör zu ihm.»

«Was??»

Schuster öffnet die Augen und blickt Lola an. Er hebt ein bißchen seinen Arm und streckt die Hand nach ihr aus. Lola nimmt sie und legt sie zwischen ihre Handflächen. Sie schaut ihn einfach nur an.

Prompt stabilisiert sich der Herzrhythmus. Der Pfleger hält inne. «Okay ...» Er setzt Schuster eine Adrenalinspritze. Dabei beobachtet er etwas irritiert den Blickkontakt zwischen Lola und Schuster. Schusters Zustand verbessert sich zusehends. Der Pfleger lacht leise, schüttelt den Kopf.

Die Sirene verstummt. Der Pfleger lehnt sich zurück, verschränkt die Arme und schaut den beiden zu. Lola und Schuster, händehaltend, blicken sich in die Augen. Ihr Ausdruck ist schwer zu lesen.

Die Uhr am Supermarkt. In diesem Augenblick springt sie auf zwölf Uhr.

Der Krankenwagen hält vor dem Supermarkt. Hinten öffnet sich eine Tür, und Lola springt raus. Der Wagen braust davon.

Sie steht auf der Straße, in der linken Hand hält sie die Plastiktüte mit dem Geld. Kein Mensch zu sehen.

Manni ist nicht da. Lola blickt zum Supermarkt. Alles ruhig. Die Telefonzelle ist leer. Sie dreht sich um die eigene Achse, sucht in allen Richtungen.
Lola steht verlassen, zerzaust, erschöpft mitten auf der leeren Straße.
«Manni?!»
Es vergeht eine Weile. Dann kommt am anderen Ende der Straße ein Wagen um die Ecke. Ein schwarzer BMW. Der Wagen hält weiter hinten.
Lola beobachtet, was geschieht. Aus der Beifahrertür steigt Ronnie, hinten steigt Manni aus. Ronnie umarmt Manni, klopft ihm auf die Schulter.

Manni verabschiedet sich von Ronnie, der wieder einsteigt und davonbraust.

Manni kommt die Straße herauf. Lola wartet auf ihn. Er geht ganz entspannt, grinst. Sie ist irgendwie abwesend. Schließlich erreicht er sie, küßt sie. «Na du. Wie siehst du denn aus ...»
Er streicht ihr die angetrockneten Haare aus dem Gesicht. Lola blickt durch ihn hindurch.
«Bist gerannt ...? Keine Sorge, ist alles in Ordnung.»
Manni nimmt sie an der Hand und geht mit ihr langsam los, die Straße runter.
Er wirft einen Blick auf die Plastiktüte in Lolas Hand. «Was is'n da drin?»

115

Lola rennt

Nach dem Spiel
ist vor dem Spiel
(Sepp Herberger)

Tom an die Lola-Mannschaft
vor Beginn der Dreharbeiten

«Lola rennt» ist ein Film über die Möglichkeiten der Welt, des Lebens und des Kinos. Kein Film über die totale Determinierung oder die totale Beliebigkeit, sondern ein Film in der schmalen Lücke dazwischen: im Niemandsland der Wünsche und Sehnsüchte. Über die winzige Chance, die es im Leben gibt, etwas zu beeinflussen, dem Lauf der Dinge eine andere Richtung zu geben.

Drei Reisen, drei Showdowns. Und wir müssen dem Publikum deutlich machen, daß jede Version ihr eigenes Geheimnis hat. Jede Version ist gleich wichtig, auf gleiche Weise extrem erlebt und gelöst. Vielmehr muß dem Zuschauer nach wenigen Sekunden die Enttäuschung (über die Wiederholung) verfliegen und die Verstrickung neu ausbrechen: Hoffentlich klappt's diesmal besser! Was macht sie jetzt mit dem Vater? Welche Personen werde ich wiedersehen? Was macht Manni jetzt? Und diese Vorausschau muß schließlich komplett in den Hintergrund treten gegenüber der Angst um Lola, daß sie beim Überfall verhaftet wird, der Panik um Manni, daß er den Penner nicht einholt, und all den anderen neuen Varianten, die sich im weiteren Verlauf jeder Version entwickeln.

Die Welt ist ein Haufen Dominosteine, und wir sind einer davon, sagt der Film; einerseits. Andererseits ist das wichtigste Statement am Ende: Nicht alles ist determiniert. Es gibt einen Platz für die Realisierung unserer Wünsche. Man muß es eben nur versuchen. Das ist so ähnlich wie beim Filmemachen, das ja auch manchmal wie ein Hindernislauf erscheint. Aber manchmal kommen dabei Filme raus, die trotzen den angeblichen Gesetzen des Erzählens und des Marktes und des Geldes, und die sind trotzdem: mitreißend und klug, emotional und intelligent. Machen wir doch mal so einen. *10.5.1997*

Name:	Lola
geb.:	10. April 1977
in:	Berlin
Beruf:	seit dem (knappen) Abitur Gelegenheits-jobs, irgendwann wird sie sich wohl mal an der Uni einschreiben
Hobbys:	Überzeugen, Lesen, Verreisen, Laufen, Entdecken
Leidenschaft:	Manni
Motto:	Ich mach mir die Welt, wie sie mir gefällt
Vorbilder:	Pippi Langstrumpf, Madonna, Sophie Scholl

Lola macht sich nicht wirklich Sorgen um ihre Zukunft. Sie weiß, daß sie irgendwann einen Job haben wird, der interessant genug ist; sie weiß, daß sie niemals drogensüchtig oder alkoholabhängig sein wird, sie wird kein Aids kriegen. Sie wird, aber das kann noch ein halbes Leben dauern, ein paar Kinder kriegen, vielleicht auch nur eins, und wenn's sein muß, zieht sie es alleine auf. Das einzige, was Lola bei all den Gewißheiten nicht so genau weiß: Was wird aus der Liebe. Die ist so schwer in den Griff zu bekommen.

Lola hat ein ziemlich stabiles Selbstbewußtsein, das nur selten aus den Fugen gerät – wenn nämlich Situationen ihr über den Kopf wachsen. Das kommt nur sehr, sehr selten vor ... aber dann bricht die Hysterie sich Bahn. Ansonsten ist ihr Selbstbild bestimmt von der Maxime: Ich habe mein Leben im Griff, auch wenn noch alles offen und möglich ist. Gerade das gefällt ihr: Das Leben ist noch nicht entschieden und voller Abenteuer, die auf sie warten.

Wer sich so sieht, ist natürlich stark – aber auch ein bißchen ignorant. In Lolas Vorstellung von der Welt ist nicht viel Platz für Zweifel, für die Akzeptanz von Widersprüchlichem. Gut und böse, richtig und falsch sind bei ihr klar und sauber getrennt, und so spielt Lola nicht selten den Gerechtigkeitsapostel.

Manni ist eigentlich all das, was Lola widerstrebt: chaotisch, orientierungslos, labil – und auf dem besten Weg, ein Krimineller zu werden. Eigentlich ist er's schon, nur Lola will es nicht wahrhaben. Sie stilisiert ihn zu einer tragischen Figur, die ihre Hilfe und ihre Kraft braucht: Lola ist die Schutzfee, die den haltlosen, geliebten Narziß immer wieder auf die Beine bringt. Manni ist eben schön, unberechenbar und anstrengend, aber andererseits auch emotional, leidenschaftlich und lustvoll; und deshalb ist er das perfekte Gegenprogramm. Lolas heimliche Ahnung von der Unordnung der Welt wird von Manni geradezu verkörpert.

Lolas Mutter, die seit Jahren ein verstecktes Alkoholproblem hat, ist seit der Beförderung ihres Mannes nicht mehr zu ihrem Halbtagsjob in einer Boutique gegangen. Seitdem trifft sie tagsüber ihre Freundinnen, mit denen sie einen esoterischen Buchladen aufmachen will. Das Projekt dümpelt aber eigentlich auch schon zwei Jahre vor sich hin. Und sie trinkt immer mehr. Das hat wohl damit zu tun, daß der Vater schon lange das Interesse an seiner Frau verloren hat und zwischen den beiden eine unangenehme Aversion gewachsen ist.

Wenn Lola nicht sowieso die meiste Zeit bei Manni verbringen würde, wäre sie schon längst ausgezogen. Aber irgendwas hält sie vielleicht doch noch zu Hause fest.

Lieber Manni,
wenn ich wüßte, wie man es richtig
macht, würde ich schnell zu dir laufen
und mir zeigen lassen, wie man es
falsch macht. Dann könnte ich mich ja
immer noch entscheiden.

Name:	Manni
geb.:	28. Februar 1975
in:	Hamburg
Beruf:	arbeitslos, auf dem besten Weg, das auch zu bleiben
Hobbys:	Taekwondo, Tanzen, Kochen, Mafia-Filme, Basketball, Tarot, Autoklassiker
Leidenschaft:	Lola
Motto:	Alles will probiert sein
Vorbilder:	Robert De Niro, Magic Johnson, Matt Ruff

Manni hat seinen eigenen Dickkopf, und niemals ahnt er, in welche Gefahr er sich begibt, wenn er schon auf halbem Weg ist. Manni ist ein sturer Traumtänzer. Er will keiner normalen Arbeit nachkommen, das macht ihn fertig. Bei den letzten siebzehn Jobs ist er nach weniger als drei Tagen rausgeflogen. Wo Manni ist, stiftet er Chaos, meist gutgemeint. Stets weiß er etwas besser als sein Chef, und dann geht es garantiert schief.

Manni war das sechste von sieben Kindern, und als seine Eltern sich scheiden ließen, war er gerade sechzehn. Manni

Was er anfaßt, wird zu Chaos.
Aber man kann es ihm nur so schwer
übelnehmen.

nutzte die Gunst der Stunde und zog aus, direkt nach Berlin, wo sein Freund Jojo gerade versuchte, einen Tätowierungsladen zum Laufen zu bringen. Irgendwann hat er sich mit Jojo verkracht.

Gott sei Dank war da noch Ronnie, einer von Jojos Kunden, der ihm ab und zu Geld lieh. Ronnie hat zwei Diskotheken in Mitte aufgezogen. Er hat Manni ein Zimmer besorgt und ihm kleinere Jobs zu erledigen gegeben.

Später hat er Manni am Einlaß einer der Discos beschäftigt. Da hat er Lola kennengelernt. Sie ist ihm gar nicht so aufgefallen, obwohl sie regelmäßig kam. Eines Abends hat sie einen Streit mit seinem Kollegen angefangen, weil er zwei ihrer Freunde nicht reinlassen wollte. Sie sah gut aus, wie sie so empört war.

Lola ist Mannis Rettung. Sie versucht zwar ständig an ihm herumzuerziehen, aber er spürt, daß sie ihn eigentlich so liebt, wie er ist. Und das braucht er. Es hat eine Weile gedauert, bis er gemerkt hat, daß sie wirklich ihn meint, nicht eine seiner Shownummern. Lola liebt Mannis Durcheinander, und was fast noch besser ist, sie bringt das Schlimmste immer wieder in Ordnung. Manchmal traut er dem Braten noch nicht ganz. Heimlich verdächtigt er sie, daß sie ihn eines Tages einfach abschießen wird und dann doch den Weg des braven Mädchens geht, den ihre Eltern eigentlich von ihr erwarten. Aber immerhin sind sie schon mehr als ein Jahr zusammen, und eigentlich ist alles nur noch intensiver geworden.

Der einzige wirklich ernste Konfliktpunkt zwischen den beiden ist Ronnie. Für Manni ist Ronnie ein großer Bruder und sein «Mäzen». Manni findet gut, daß Ronnie unauffällig ungewöhnlich große Geschäfte macht, daß die Leidtragenden meist Konzerne sind, die das sowieso verkraften können, und daß noch nie so richtig was schiefgegangen ist. So würde Manni auch gerne Geld verdienen. Insgeheim weiß er, daß Lola den richtigen Riecher hat. Neuerdings hat er eine andere, brutalere Seite an Ronnie festgestellt. Wenn's ums Geschäft geht, ist der urplötzlich gefährlich wie ein Kampfhund. So richtig hat er sich es noch nicht eingestanden, aber eigentlich hat er eine Scheißangst vor Ronnie.

Herbert Knaup
Lolas Vater

Lolas Vater hat sich immer vorgemacht, daß sein Leben sehr geradlinig verlaufen ist. Von der Banklehre, die er 1969 antrat, als alle seine Freunde von einem ganz anderen Geist mitgerissen wurden, bis zur Übernahme der Berliner Filiale Neukölln dieses Jahr gab es nichts als das Abhaken einer beruflichen Erfolgsmeldung nach der anderen. Nebenbei spielt er mit seinen ehemals marxistischen Freunden regelmäßig Schach und macht alle paar Wochen einen Segeltörn mit abendlichen Trinkgelagen.

Klingt gut, aber es fühlt sich leider nicht so gut an. Denn Lolas Vater ist nicht glücklich. Er liebt seine Frau nicht mehr. Schon lange. Und Lola geht ihm auch auf die Nerven. Sie ist die uneheliche Tochter seiner Frau, die damals, als sie sich kennenlernten, schon schwanger war – eigentlich heirateten sie wegen Lola, und das Kind stammt von dem Kneipenkönig, dem er seine Frau ausgespannt hatte. Wenn er abends nach Hause kommt, wartet da seine betrunkene Frau, schlimmstenfalls mit gackernden Freundinnen, und manchmal hockt auch noch Lola in ihrem dunklen Zimmer und hört irgendeine dröhnende Musik. Dann geht er ins Arbeitszimmer, spielt Schach gegen den Computer und ist einsam. Später meckert ihn seine Frau durch die Tür an, daß er selbst nachts nicht von der Arbeit lassen kann. Dann spielt er meistens noch eine Partie extra.

Seit er Jutta kennengelernt hat – bei einer Landesversammlung seiner Bank –, ist er ziemlich durcheinander. Er weiß, daß eine Entscheidung naht, daß sich sein Leben ändern wird. Will er das?

124

Nina
Petri

Jutta Hansen

Jutta Hansen ist ein klassisches Einzelkind. Am Rande der Verzogenheit, immer die Klassenbeste, absolvierte sie nach dem schulbesten Abitur eine einzigartige Hochschullaufbahn, lernte zwei Jahre (mit Tony Blair) an einer englischen Wirtschafts-Eliteschule, anschließend drei Jahre an der Wall Street und kehrte als jüngste Managerin zurück nach Deutschland, direkt in die Spitze einer Bankunternehmensgruppe. Im Vorstand ist sie eher gefürchtet, weil sie sich nie beirren läßt und mit ihrem Wissen Männer doppelten Alters düpiert.

Angestrengt auf dem Erfolgspfad verharrend, ist ihr nie die Zeit für eine Beziehung geblieben. Als sie Lolas Vater kennenlernt, ist sie von dessen Entspanntheit so animiert, daß sie gar nicht überrascht ist, nachts von ihm zu träumen. Er ist ohne Funktion für sie in ihrer Laufbahn, und das ist es, was ihn – zu ihrer eigenen Überraschung – noch anziehender macht. Bisher hat sich Jutta nur mit Männern eingelassen, an denen sie auch ein taktisches Interesse hatte. Bei ihm ist das anders. Es geht um nichts anderes, als miteinander glücklich zu sein – soweit ihr das überhaupt möglich ist.

Allerdings hat er Frau und drei Kinder. Jutta muß sich etwas einfallen lassen. Sie hat Angst, daß er ihre letzte Chance ist.

Schuster: Armin Rohde   Mike: Sebastian Schipper

Schuster liebt das hügelige Hinterland im Bergischen nahe
Dönberg. Da ist seine Familie, als er noch Kind war, von
Recklinghausen hingezogen. Irgendwie ist er in Berlin ge-
landet und hat übers Arbeitsamt den Job bei Sekurit Busi-
ness bekommen. Nicht so schlecht, besser als Pförtner oder
so was. Schuster ist in seinem Bekanntenkreis gern gesehen,
weil er alle zum Lachen bringt. Er macht Spaß. Danach
geht er allein nach Hause. Da stürzt er dann manchmal ab
und trinkt noch zwei zuviel. Rauchen darf er nicht mehr,
weil er Probleme mit den Herzkranzgefäßen hat. Neulich
war er länger im Krankenhaus. Schuster glaubt nicht so
richtig dran, daß er seinen Ruhestand noch erleben wird.
Aber den Gedanken verdrängt er. Soll ja sowieso keiner
wissen, nachher verliert er noch den Job.

Mike ist zufrieden. Das Fahrrad, auf dem er sitzt, gehörte
dem wirklich unsympathischen Lauchkörbchen-Öko von
gegenüber, der immer Raucher anbrüllt, wenn sie eine Kip-
pe auf den Bürgersteig schnippen, oder Hundebesitzer an
ihre Kotbeseitigungspflicht erinnert. Das Rad fährt sich gut
und wird sich schnell verkaufen. Die da vorn, die Rennen-
de, scheint es ganz schön eilig zu haben. Aber was kann die
schon zahlen? Höchstens fünfzig.

Penner: Joachim Król   Ronnie: Heino Ferch

Der *Penner Norbert* liebt immer noch einzig Leonard
Cohen und Velvet Underground. Danach gab's nix mehr.
Seine eigene Kurve hat er nicht gekriegt. Mitte der Siebzi-
ger. Und der Ehrgeiz der anderen war ekelhaft. Jetzt läuft's
nicht so gut. Vielleicht noch einmal Glück haben, das wär
nicht schlecht. Wem gehört denn die Plastiktüte da?

Meier, der – ehemals Broker – recht erfolgreich eine Finanz
Consult GmbH gegründet hat, freut sich auf das Gespräch
mit Lolas Vater. Wenn die beiden über Geschäfte sprechen
– er ist Devisenexperte –, ist es immer etwas lockerer als
mit den meisten Kollegen. Manchmal dauert es auch länger, und man trinkt noch ein Schnäpschen. Gemeinsam haben die beiden schon ein paar gute Deals gemacht. Sie er-
hoffen sich voneinander, eines Tages richtig viel Geld mit
einem Volltreffer zu verdienen.

Frau Jäger weiß absolut nicht, wie sie noch mal im Leben
richtig fröhlich werden soll. Wahrscheinlich nie mehr. Sie
findet alles starr, ernst und unlebendig. Und so ist sie inzwischen auch selbst geworden. Bis ihr diese zickige Tochter
vom Chef über den Weg läuft.

Kruse liebt Geld. Nicht den Reichtum, sondern die Ordnung in den Zahlen. Kruse ist Kassierer und will nie mehr
etwas anderes sein. Geldscheine und Münzen in akkuraten
Stapeln: das macht ihm Freude. Er ist so gewissenhaft, daß
er ganz übersieht, wie attraktiv Frau Jäger ist.

Credits:

Buch & Regie	Tom Tykwer
Kamera	Frank Griebe
Schnitt	Mathilde Bonnefoy
Musik	Tom Tykwer, Johnny Klimek, Reinhold Heil
Originalton	Frank Behnke
Tonmischung	Matthias Lempert
Kostümbild	Monika Jacobs
Ausstattung	Alexander Manasse
Animation	Gil Alkabetz
Produktionsleitung	Ralph Brosche
Herstellungsleitung	Maria Köpf
Produzent	Stefan Arndt

X-Filme Creative Pool mit dem WDR und ARTE
in Zusammenarbeit mit:
Filmstiftung Nordrhein-Westfalen, Filmboard
Berlin-Brandenburg, Filmförderungsanstalt, BMI.
Im Verleih von Prokino Filmverleih

Lola	Franka Potente
Manni	Moritz Bleibtreu
Lolas Vater	Herbert Knaup
Jutta Hansen	Nina Petri
Schuster	Armin Rohde
Herr Meier	Ludger Pistor
Norbert von Au (Penner)	Joachim Król
Frau Jäger	Suzanne von Borsody
Doris	Julia Lindig
Mike	Sebastian Schipper
Kassierer Kruse	Lars Rudolph
Ronnie	Heino Ferch
Lolas Mutter	Ute Lubosch
Blinde Frau	Monica Bleibtreu
Alte Frau	Dora Raddy
Krankenwagenfahrer	Volkhart Buff
Casino-Manager	Utz Krause
Wechselfrau	Beate Finckh
Sanitäter	Andreas Petri

Ein romantisch-philosophischer ActionLiebesExperimentalThriller

Tom Tykwer im Gespräch mit Michael Töteberg

Was war die Ursprungsidee für «Lola rennt»?

Ich komme immer vom Bild – ich bin so stark kinosozialisiert, daß ich nie aus einer Idee die Geschichte für einen Film generiere. Sondern ich hatte seit Ewigkeiten ein Bild im Kopf, das Bild einer Frau mit feuerroten Haaren, die verzweifelt und entschlossen rennt und rennt und rennt. Dieses Bild ist Kino: Bewegung und Emotion, kein anderes Medium kann das so transportieren. Ich brauchte eine ganz einfache Ausgangssituation, die erst einmal eine Dynamik freisetzt. Man gibt dieser Dynamik ab und zu einen Anstoß in eine bestimmte Richtung, und daraus entwickelt sich etwas völlig Unerwartetes. Mit diesem Prinzip zu spielen fasziniert mich, das hat etwas unheimlich Filmisches.

«Lola rennt» ist ungeheuer schnell und direkt – ein Action-Film?

Ja, ein Action-Film insofern, als er, was Action nun mal ausmacht, das Bewegungsprinzip maximiert und radikal auf die Spitze treibt. Wenn es den Titel noch nicht gäbe, dann hätte «Lola rennt» auch «Speed» heißen können. Der Film soll mitreißen, eine Achterbahn für die Zuschauer sein, die durchgeschüttelt werden. Eine wilde Jagd – mit Nachwirkungen, denn auch nach dem Kino soll der Film den Zuschauer noch beschäftigen.
«Lola rennt» ist aber auch ein romantischer Film, ein richtiger Liebesfilm. Und ein Action-Film, der eine philosophi-

sche Idee trägt, die aber ganz spielerisch eingebaut ist, nicht ins Zentrum gerückt wird. Im Vordergrund stehen immer Notwendigkeiten der Handlung, im Hintergrund steht ein Modell über Kausalität, über Weltkonzepte, über die Macht des Zufalls und des Schicksals. Und das macht mir Spaß. Ich wollte nicht einen einzigen Moment in diesem Film haben, der aus dramaturgischen Gründen erzählt wird, sondern Direktheit, Spontaneität. Gern würde ich Filme machen, die gnadenlos unterhaltsam sind, aber auf den zweiten Blick eine große Komplexität bergen.

Als erste Stimme hört man Hans Paetsch, von unzähligen Märchen-Schallplatten bekannt, der über den Menschen, die geheimnisvollste Spezies unseres Planeten, philosophiert.

Hans Paetsch ruft eine emotionale Erinnerung wach. Für mich als Kind war er die Inkarnation des Erzählers. Des Mythenverwalters, des Allwissenden. Er war für mich der liebe Gott, weil er immer alles wußte. «Lola rennt» ist ein Spiel, in dem wir uns sozusagen die Macht herausnehmen, Versatzstücke zu ändern und damit auch das Schicksal zu beeinflussen. Etwas, das eigentlich nur einer göttlichen Macht zusteht. Hans Paetsch mit seiner sanften, warmen Stimme ironisiert das Konstrukt und bringt zum Ausdruck: «Lola rennt» ist auch ein Märchen.

Vom Märchen zur nüchternen Realität, d. h. zur Produktion und zum Geld. Lola braucht für Manni hunderttausend Mark ...

Tom braucht für Lola drei Millionen.

Lola besorgt die Kohle in zwanzig Minuten.

Ganz so schnell ging es nicht, aber: Im Herbst habe ich das Exposé geschrieben, im Frühjahr lag die erste Drehbuchfassung vor, wurde kalkuliert und war sofort finanzierbar, und im Sommer haben wir schon gedreht, was für einen

Kinofilm eine extrem kurze Vorbereitungszeit darstellt. Das Projekt hatte eine enorme Eigendynamik, ich bin wirklich durch diesen Film gerannt.

Ich gebe zu, es war auch ein nervenzehrender Kraftakt. Zunächst sah es nach einem kleinen Low-Budget-Film aus, den man auf unspektakuläre Weise machen kann. Daraus wurde ein visuelles Experiment, eine riesige Herausforderung, was die vielfältigen technischen Möglichkeiten angeht. Es soll immer spielerisch wirken, war aber unglaublich mühsam, dieses Ergebnis herzustellen, weil jeder ästhetische Kniff, jedes formale Detail Präzision verlangt.

Der Film arbeitet mit den verschiedensten Ästhetiken und Techniken – warum?

Ein Film über die Möglichkeiten des Lebens, das war mir völlig klar, muß auch ein Film über die Möglichkeiten des Kinos sein. Deswegen gibt es in «Lola rennt» verschiedene Formate, es gibt Farbe und Schwarzweiß, Zeitlupe und Zeitraffer, also alle elementaren Bausteine, die in der Filmgeschichte immer schon benutzt wurden. Georges Méliès hat mit diesen Effekten schon arbeiten können, speziell mit Doppelbelichtungen und mit Tricks.

Zeichentrick, auch das seit Stummfilmtagen Repertoire, maximiert noch mal die Möglichkeiten, denn damit kann man einfach alles machen, ohne Rücksicht auf das Budget. Wenn man die Welt explodieren läßt, kostet das genausoviel wie jede andere Zeichnung. Zeichentrick signalisiert: Es kann jetzt gleich alles passieren, und das gibt dem Film zusätzliche Kraft.

Die Lust an der Freiheit der Mittel spielte auch eine Rolle. Man kann heute mit allen Mitteln jonglieren, wobei ich natürlich auch die moderne digitale Technologie benutzt habe. Sie ermöglicht Übergänge von sehr abstrakten zu sehr konkreten Bildern, ohne daß noch zu überprüfen wäre, an welcher Stelle genau dieser Übergang stattfindet. Andererseits kann man keine vollkommen überzeugenden digitalen Bilder im Computer selbst herstellen, sondern braucht immer Referenzen aus real gedrehtem Material. Die Titel-

131

Vogelperspektive: Schuto blickt zu uns hoch... sagt „und ab" und schießt den

Fußball uns entgegen, wir fliegen rückwärts hoch, vor dem Ball her,

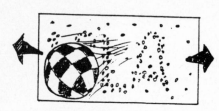

höher und höher, die vielen Menschen verwandeln sich in kleine Punkte, die beginnen, sich zur Schrift zu formieren. Der Ball verlangsamt seinen Steigflug ...

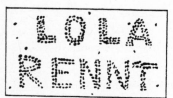

aber da die Kamera(?) innehält, verläßt es für einen Augenblick den Bildrahmen – jetzt fügt sich die Schriftzug, den die Menschen bilden: „Lola rennt". Der Ball trudelt wieder ins Bild; wir folgen ihm, drehen uns dabei in der Achse.

Der Schriftzug ist (morphing) inzwischen zusammengeflossen, klare Buchstaben ..

wir sausen auf das „O" von LOLA zu, der Ball vor uns her ... im „O" entsteht der Farbenblick-Tunnel ...

sequenz, die genau gestoryboardet war, haben wir zum Beispiel mit echten Menschen gedreht, die sich zu Buchstaben formierten. Ein Buchstabe besteht aus dreihundert Menschen, deshalb haben wir jeden Buchstaben einzeln gemacht, und die wurden dann digital zum Schriftzug «Lola rennt» zusammengesetzt.

Aus welcher Höhe ist das gedreht?

Aus sechzig Metern. Frank Griebe, der Kameramann, saß oben in einem Riesenkran, und ich habe unten versucht, die Leute zu Buchstaben zusammenzutreiben.

Die Kamera saust durch die Menschenmenge, mischt sich ins Getümmel, springt in eine Aufsicht, stürzt von oben in eine Straße, ein Haus, hüpft durch den Flur ...

Ein starker Fluß der Bilder war gefragt, schließlich heißt der Film «Lola rennt». Wir haben uns mit allen denkbaren Arten von Fahrzeugen bewegt, mit Jeeps, mit Kränen, sogar mit Dreirädern oder Schubkarren – eigentlich haben wir alles ausprobiert, was Räder hatte. Ein Mensch rennt ziemlich schnell, und es ist gar nicht so leicht, unmotorisiert damit Schritt zu halten und auch noch eine Kamera zu transportieren, so daß es noch ein einigermaßen stabiles Bild ergibt.
Die einzigen ruhigen Einstellungen sind die roten Szenen, wo die Kamera zur Beobachterin wird. Es ist unheimlich still; wir haben versucht, sämtliche atmosphärischen Töne herauszufiltern, so daß man das Gefühl hat, sich in einem Vakuum zu befinden. Die beiden sind in einer Art Kokon, einer Zwischenzone zwischen Leben und Tod, die eine große Intimität erzeugt. In den Bank-Szenen dagegen haben wir die Handkamera benutzt, um die da herrschende Nervosität zu verstärken.

Zum visuellen Konzept gehört auch der Wechsel vom klassischen Kinobild zum Videobild.

Alles, was nicht in Gegenwart von Manni und Lola passiert, ist auf Video gedreht; es wird also behauptet, die Welt außerhalb dieser beiden sei künstlich und unwirklich. Läuft Lola durchs Bild, ist es Film – dann sind, ganz kinogemäß, auch Wunder wahr. Sobald Lola um die Ecke gerannt und nicht mehr am Ort des Geschehens ist, beispielsweise beim Unfall von Herrn Meier, wechselt das Bild von 35 mm zu Video. Das muß man nicht erkennen, während man den Film sieht, nimmt es aber unbewußt wahr.

Beim Übergang von den Videoszenen in der Bank mit dem Vater und Jutta Hansen zu Lola, die hereinkommt, war mir wichtig, eine Art von dokumentarischer Nähe zu behalten. Eigentlich verändert sich nur die Bildqualität, nur die Körnigkeit des Bildes, die Auflösung hat eine andere Struktur, aber die Ästhetik, wie die Kamera gehalten wird, bleibt erhalten. Und so kann das nahtlos ineinanderfließen.

Wie viele Drehtage hattet ihr?

Knapp sieben Wochen. Wir hatten großes Glück mit dem Wetter. Denn bei so einem Film, der in nur zwanzig Minuten spielt, kann man kaum mogeln und sagen, es hat zwischendurch mal geregnet, wenn vorher die Straße ganz trocken war. Bei diesen sekundenhaften Anschlüssen muß es immer gleich aussehen.

Während man sich sonst immer nach Sonne sehnt, haben wir hier versucht, sie rauszuhalten, weil man so farblich besser arbeiten kann. Rot ist zentral für die Farbdramaturgie des Films, der rote Schopf, die roten Szenen. Im Kopierwerk haben wir ein Verfahren angewandt, das die Farben verstärkt, dem Film eine farbliche Brillanz verleiht. Technicolor, da kommen wir leider nicht mehr ran. Es gibt kein Technicolor-Kopierwerk mehr, deswegen muß man sich mit den heutigen Methoden abfinden.

Bei Technicolor denkt man an Hollywood-Filme der sechziger Jahre, an Western mit ihren unendlichen Weiten, nicht gerade an Berliner Straßen.

Berlin hat mich als Schauplatz interessiert, ich bin ein Fan von Großstadt-Filmen. Aber die Außenszenen sollten nicht dokumentarisch wirken – ich fand es viel interessanter, in den Innenräumen ein authentisches Gefühl zu erzeugen, draußen aber, während der ganzen Laufstrecke, sollte Berlin eine inszenierte Stadt sein, eine Kulisse im wahrsten Sinne des Wortes.

Die Straßen sind auffallend leer – gewöhnlich läßt der Regisseur, um ein realistisches Straßenbild zu suggerieren, im Hintergrund ein paar Leute durchs Bild laufen.

Darauf haben wir verzichtet, denn so viele Statisten hätten wir uns gar nicht leisten können. Die Straßen sind leer gemacht für Lola – sie rennt einsam gegen den Rest der Welt. Sonst wird immer signalisiert: der einzelne in einer riesigen Menschenmenge, aber ich fand viel interessanter: die einzelne in einer Häuserschlucht, verloren in einem Meer von Stein und Straße. Das hat etwas Theatralisches, aber sehr en passant. Ich mag diese baumlosen Straßen in Berlin-Mitte. Plötzlich landet man in einer Gegend mit wenig Verkehr und kaum Menschen, und man hat ein starkes Großstadtgefühl, nämlich Verlorenheit.
«Das Leben ist eine Baustelle» zeigt ein realistisches, aussterbendes Berlin im Auf- und Umbruch, noch im Sog von Mauerfall und Wende. Auch in «Lola rennt» sind im Hintergrund häufig Baustellen zu sehen, doch das Berlin-Bild ist anders. Wenn man darauf achtet, fällt auf, daß die Stadt im Film eine merkwürdig synthetische Atmosphäre hat. Im Augenblick ist Berlin tatsächlich so: In der Stadt entsteht etwas Neues, was noch gar nicht richtig belebt ist.

Ihr habt nicht im Studio gedreht, sondern an Originalschauplätzen. Die dann allerdings im strengen Sinn nicht original sind: Die Bank ist keine Bank ...

Nein, da haben wir lange und vergeblich gesucht. Banken sind hierzulande völlig unattraktive Motive, haben wirklich gar nichts ... Ich wollte eine Bank, die sich eingliedert ins Stadtbild: groß, leer, Stein, ein bißchen hallig, wo man sich verlaufen kann, wo es dunkle Ecken und Nischen gibt. Normale Bankfilialen sind dagegen übersichtlich, ohne irgendein Geheimnis. Irgendwann haben wir die Oberfinanzdirektion von Berlin gefunden, die große Eingangshalle – ein recht museal wirkender Raum –, in der wir dann die Bank eingerichtet haben.

Wir haben eigentlich alle Räume umfunktioniert. Ein Casino wie im Film, das gibt es in Berlin nicht. Unser Casino durfte nicht modern sein, nicht dieses stickige Las-Vegas-Klima haben. Auch hier wollten wir einen musealen Touch. Gerade die Schlußeinstellung in dieser Sequenz, wenn all die Menschen erstarrt auf Lola gucken, mußte etwas von einem Wachsfigurenkabinett bekommen. Deshalb sind wir ins Rathaus Schöneberg gegangen und haben das Foyer einfach zum Casino umgestaltet.

So ist der ganze Film. Das entspricht der Haltung von Lola, nämlich: Ich mache mir die Welt, wie sie mir gefällt.

Vor einer künstlichen Kulisse wirken die Figuren um so lebendiger.

Das Modell des Films ist derart synthetisch, daß ich dachte: Je stringenter wir in einer bestimmten Ästhetik bleiben und nicht ausbrechen, desto authentischer kann man sich auf die Menschen beziehen. Der Kontrast zwischen der betonten Künstlichkeit und der Emotionalität der Personen gibt dem Film seine besondere Lebendigkeit. Ich wollte den Zuschauer in eine ganz künstliche Welt ziehen, die er aber in kürzester Zeit vergißt, weil die Konflikte so authentisch, die Menschen so vital sind, daß ihm nicht mehr auffällt, wie vollkommen absurd die Konstruktion eigentlich ist.

Fassbinder hat einmal gesagt: «Je schöner und je gemachter und inszenierter und hingetrimmter Filme sind, um so befreiender und freier sind sie.»

Ja, genau. Die Künstlichkeit der Konstruktion muß verheiratet werden mit der Wahrhaftigkeit der Figuren.

Die quasimathematische Konstruktion erinnert an Experimentalfilme, aber die Übergänge von einer Runde zur nächsten sind so suggestiv, daß man nicht aussteigt und denkt, nun geht es also wieder von vorne los. Der Film geht nahtlos weiter und hat eine erzählerische Kontinuität.

Das war die Herausforderung. Am Ende sollte der Zuschauer das Gefühl haben, daß Lola all das, was wir gesehen haben, wirklich durchgemacht hat (und nicht nur einen Teil, ein Drittel davon). Sie hat alles durchlaufen, sie ist für diesen Mann schon einmal gestorben, er ist schon einmal gestorben, und eigentlich ist alles schiefgegangen, was nur hat schiefgehen können. Sie hat das alles hinter sich und wird am Ende dafür belohnt.

Es gibt kleine Details, die darauf hinweisen. Im zweiten Durchgang zum Beispiel weiß Lola etwas, was sie in der ersten Runde erst gelernt hat.

Logisch gesehen ist das natürlich unmöglich – solche Elemente heimlich unterzujubeln, das ist ja das Schöne am Film. Das Raum-Zeit-Kontinuum wird aus den Angeln gehoben, na und? Wir sind doch im Kino!

Film manipuliert stets Zeit: eine Geschichte, die in drei Wochen oder einem Jahr spielt, die ein ganzes Leben oder ein Jahrhundert umfaßt, in neunzig Minuten.

Normalerweise komprimiert Film ganz viel in wenig Zeit. Wir haben wenig Zeit in viel Film komprimiert, nämlich zwanzig Minuten Realzeit in achtzig Minuten Filmzeit. Gleichzeitig haben wir das Prinzip umgedreht und in den Flashforwards ein ganzes Leben in fünf Sekunden erzählt. Ich denke, viel extremer, als es in diesem Film passiert, kann man es gar nicht machen.

Die Vitalität des Films beruht wesentlich auf der Präsenz der Schauspieler.

Unbedingt. Von Anfang an habe ich bei Lola an Franka Potente gedacht. Sie hat diesen Doppelcharakter, strahlt eine unheimliche Energie aus und gleichzeitig etwas ganz Behütetes, wie aus einem normalen Mittelstandshaushalt. Sie ist eigentlich eine pragmatische Bombe. Lola ist in der Lage, diesem entgleisten Manni die rationalen Fragen zu stellen, die in einer solchen Situation angebracht sind, und gleichzeitig kann sie total überschnappen. Bei Moritz Bleibtreu und Franka stimmt die Chemie, und das war schon deshalb wichtig, weil man die beiden erst nach einer halben Stunde zum ersten Mal zusammen sieht. Wenn zwei Menschen im selben Raum sind, kann man über Blicke unheimlich viel erzählen – diese Möglichkeit hatten wir nicht. Aber es ist nach zwei Minuten überhaupt keine Frage mehr, daß sie zusammengehören, daß Lola für Manni alles machen wird.

Moritz, obwohl er in einer Telefonzelle eingesperrt ist und sich kaum bewegen kann, erzeugt eine derart starke emotionale Aura, daß man sofort will, daß er gerettet wird. Dadurch zweifelt man nicht eine Sekunde daran, daß das Geschehen eine Notwendigkeit hat, dabei ist es eigentlich ein hanebüchenes Konstrukt: zwanzig Minuten, hunderttausend Mark, das ist ja die schlichteste Art, einen Kriminalplot aufzubauen. Ohne die Glaubwürdigkeit der Akteure wäre ich verloren gewesen. Das gilt auch für die Nebenfiguren.

Die Nebenfiguren sind ausgesprochen prominent besetzt.

Es sind Schauspieler, die ich kenne, die zu meiner kreativen Familie gehören, mal als Hauptrolle, mal als Nebenrolle durch meine Filme laufen.

Mit jedem habe ich in Ruhe über seine Rolle gesprochen, denn für mich waren in diesem Film die Nebenfiguren wichtiger als üblich. Die Darsteller sollten so spielen, als wäre es reiner Zufall, daß wir die Geschichte von Manni und Lola erzählen, als hätten auch sie die Hauptfiguren sein können und als wäre es immer noch möglich, daß sie zu Hauptfiguren werden.

Der Vater und Jutta Hansen – dahinter steckt ja eine riesige Geschichte. Der Zuschauer weiß: Es ist ein ernstzunehmendes Drama. Man versteht auch sehr gut, daß die so gereizt auf Lola reagieren. Wenn man den Film aus deren Sicht erzählt hätte, wäre Lola eine anstrengende Person, die da plötzlich zur Tür hineinkommt und einem mitten in dieser komplizierten Situation auf die Nerven geht.

Armin Rohde als Schuster hat zwar gewiß keine große Rolle, aber eine mit Substanz, und die Figur bekommt später durch die Krankenwagen-Szene noch eine weitere Dimension. Selbst der Penner hat eine große Geschichte. Für einen ganz kurzen Moment hat sich eine riesige Hoffnung in seinem Leben aufgetan, das schon gescheitert schien, und die Hoffnung wird dann wieder zunichte gemacht. Er ist ja eher verzweifelt-wütend, er kann sein Pech nicht fassen, aber er steht da nicht heulend wie ein Häuflein Elend. Sondern am Ende hat er Mannis Pistole, und man fragt sich, was wird er jetzt machen ...

Joachim Król als Penner: kaum wiederzuerkennen.

Joachim hat noch nie so ausgesehen, Heino Ferch hat noch nie eine Glatze gehabt, alle sind anders. Armin Rohde hat zwar schon einmal einen Wachmann gespielt, aber das ist ein besonderer Insidergag. In «Das Leben ist eine Baustelle» sieht man den Wachmann Rohde nur zu Hause, und hier sieht man ihn nur am Arbeitsplatz.

Es gibt viele kleine Querverbindungen, bis hin zum Detail, daß der Sanitäter im Krankenwagen, der Schuster beatmet, derselbe Typ ist wie der Sanitäter in «Die tödliche Maria», der Maria beatmet. Es ist genau derselbe Typ, er hat auch diesen leichten Bart – und es ist derselbe Schauspieler, der sich gewundert hat, fünf Jahre später einen Anruf zu bekommen, ob er dieselbe Rolle noch einmal spielen möchte ... Obendrein ist er der Bruder von Nina Petri. Aber das ist mehr für die Nachwelt.

«Lola rennt» ist dein dritter Film nach «Die tödliche Maria» und «Winterschläfer». Es sind Filme mit eigener, un-

Die Boten des Schicksals

verwechselbarer Handschrift, aber doch, formal wie thematisch, sehr unterschiedlich.

Das stimmt, doch es verbindet sie auch etwas: Es sind hermetische Welten, in die Leute hineingeworfen werden, Welten, die auch ästhetisch in sich eine stilisierte Struktur haben.

Zwei meiner Kurzfilme sind eigentlich direkte Vorläufer von «Lola rennt». Natürlich in einem sehr viel kleineren Rahmen, aber von der Struktur her fast identisch. «Epilog» basiert auf einer gelogenen Rückblende. Es geht um ein Pärchen, das sich streitet. Wir steigen ein mit dem Finale einer Auseinandersetzung, in der er sie aus reiner Wut erschießt. Dann fragt er sich, wie es dazu kommen konnte, und erzählt noch einmal die Geschichte ihres Streits und seiner Zuspitzung. Doch am Ende dieser Erzählung ergreift dann sie eine Pistole und erschießt ihn, um sich dann zu fragen, wie es dazu kommen konnte – und dann endet der Film, der wie eine Endlosschleife angelegt ist. Kurz zuvor, wenn sie schon die Pistole in der Hand hat, guckt er in die Kamera und sagt, hier stimmt doch irgendwas nicht, wird aber trotzdem erschossen. Das war noch etwas didaktisch – das Realitätsprinzip von Film in Frage zu stellen –, ein Kurzfilm-Gimmick. In «Because» kommt sie spät nachts nach Hause, er liegt schon im Bett und wartet auf sie, ist aber selbst erst fünf Minuten zuvor nach Hause gekommen. Nun will er von seinem eigenen schlechten Gewissen ablenken, indem er ihr eine Eifersuchtsszene macht. Dreimal wird dieselbe Geschichte erzählt, die Ausgangssituation ist jedesmal geringfügig anders, so daß sich der Streit immer verheerender entwickelt und zerstörerische Kettenreaktionen auslöst. Kleinigkeiten geben dem Gespräch plötzlich einen anderen Verlauf.

Dieses Kausalitätsprinzip dominiert auch «Lola rennt». Winzigkeiten, wie zum Beispiel der Zeitverzug, der dadurch entsteht, weil der Junge mit dem Hund im Treppenhaus Lola erschreckt und sie beim zweiten Mal die Treppe herunterfällt. Deshalb kommt sie überall etwas später an, dadurch ist der Unfall von Meier ein anderer, dadurch kann

Jutta Hansen dem Vater noch offenbaren, daß das Kind gar nicht von ihm ist – eine Verzögerung um zehn Sekunden, und alles ändert sich.

Wie hast du diese seltsam verwischte Menschenmenge am Anfang technisch realisiert?

Wir haben auf einem stillgelegten Flugfeld gedreht, auf dem Flughafen Gatow. Ich wollte keine Häuser im Hintergrund haben, ich wollte einen leeren Raum und viele Menschen. Man weiß gar nicht, wo die sich aufhalten, in einer Art Nirwana. Frank ist mit der Kamera durch die Menge gerast, ganz nah an den Leuten vorbei. Das ist mit unterschiedlichen Bildfrequenzen gedreht, so daß sich, wenn wir uns den Personen nähern, die wir herauspicken wollen, das Bild verlangsamt und wieder beschleunigt. Ich wollte, daß alle Menschen diffus erscheinen und daß wir dann die Figuren, die im Film eine Rolle spielen werden, herauskristallisieren und ihnen eine andere Schärfenstruktur verleihen; sie sollten auch in der Farbe anders glühen – eine ziemlich aufwendige Einzelbild-Retusche. Mir gefällt daran, daß man das Gefühl hat, das sind jetzt die Hauptfiguren des Films, es wird um die gehen, obwohl es ja am Ende doch nicht um sie geht. Unter den vielen Leben, mit denen wir uns beschäftigen könnten, nehmen wir einfach mal diese drei. Jedes Leben ist, aus der Innenperspektive betrachtet, gleich interessant.

Wish

(Never say never / The Third Run)
Lyrics: Tom Tykwer

I wish I was a stranger
Who wanders down the sky
I wish I was a starship
In silence flying by

I wish I was a princess
With armys at her hand
I wish I was a ruler
Who'd make them understand

I wish I was a writer
Who sees what's yet unseen
I wish I was a prayer
Expressing what I mean

I wish I was a forest
Of trees that do not hide
I wish I was a clearing
No secrets left inside

(Never)
(Never say never)
(Never say never)

I wish I was a hunter
In search of different food
I wish I was the animal
Which fits into that mood

I wish I was a person
With unlimited breath
I wish I was a heartbeat
That never comes to rest

(Never say never)